Adele Faber / Elaine Mazlish

Hilfe, meine Kinder streiten

Ratschläge für erschöpfte Eltern

Zeichnungen
Kimberly Ann Coe

Droemer Knaur

Aus dem Amerikanischen von
Dinka Mrkowatschki

CIP-Titelaufnahme der Deutschen Bibliothek

Faber, Adele:
Hilfe, meine Kinder streiten: Ratschläge für erschöpfte Eltern /
Adele Faber; Elaine Mazlish.
Aus d. Amerikan. von Dinka Mrkowatschki. –
München: Droemer Knaur, 1988
Einheitssacht.: Siblings without rivalry <dt.>
ISBN 3-426-26378-5
NE: Mazlish, Elaine

© Copyright für die deutschsprachige Ausgabe
bei Droemersche Verlagsanstalt Th. Knaur Nachf.,
München 1988.
Titel der amerikanischen Originalausgabe
»Siblings Without Rivalry«
Copyright © 1987 by Adele Faber/Elaine Mazlish
Umschlaggestaltung: Kaselow Design, München
Satzarbeiten: IBV Satz- und Datentechnik GmbH, Berlin
Druck und Bindearbeiten: Clausen & Bosse, Leck
Printed in Germany
3-426-26378-5

2 4 5 3

*Allen Erwachsenen, die mit
Geschwistern aufgewachsen sind und noch
unverheilte Wunden in sich spüren.*

Inhaltsverzeichnis

Wie dieses Buch entstand

Während der Arbeit an unserem Buch *Nun hör doch mal zu! Kindersprache – Elternsprache* (Knaur-Tb 7793) gerieten wir in Schwierigkeiten. Das Kapitel über Geschwisterrivalität wuchs uns über den Kopf. Wir waren erst bei der Hälfte angelangt, und es war schon über hundert Seiten lang. Verzweifelt versuchten wir zu kürzen, zu straffen, zu streichen – jedes Mittel war uns recht, um es irgendwie in ein sinnvolles Verhältnis zum ganzen Buch zu bringen. Aber je mehr wir kürzten, desto unzufriedener wurden wir.

Und allmählich wurde uns auch klar, warum: Wenn wir dem Problem der Geschwisterrivalität gerecht werden wollten, müßten wir zu diesem Thema ein eigenes Buch schreiben. Nachdem diese Entscheidung gefallen war, ergab sich der Rest von selbst. Wir würden in *Nun hör doch mal zu!* genügend Material über den Umgang mit Konflikten einarbeiten, um den Eltern über die größten Hürden hinwegzuhelfen. In unserem »Geschwisterbuch« würden wir uns dann ausführlich mit dem Thema befassen können. Wir würden unsere eigenen Frustrationen mit unseren streitenden Kindern schildern, die bahnbrechenden Prinzipien beschreiben, die uns der verstorbene Kinderpsychologe Dr. Haim Ginott lehrte, als wir Mitglieder seiner Elterngruppe waren, und die Erkenntnisse weitergeben, die wir in unseren Familien, aus der Literatur und aus endlosen Diskussionen gewonnen hatten. Und wir würden die Erfahrungen der Eltern schildern, die an unseren eigenen Arbeitsgruppen über Geschwisterrivalität teilnahmen.

Dazu kam, daß wir aufgrund unserer Vortragstätigkeit die

Möglichkeit hatten, herauszufinden, wie Eltern im ganzen Land über die Geschwisterproblematik dachten. Sehr bald wurde uns klar, daß wir damit ein heißes Thema angepackt hatten. Allein das Wort »Geschwisterrivalität« löste überall spontane und heftige Reaktionen aus.

»Dieses ewige Gestreite treibt mich zum Wahnsinn.«

»Ich weiß nicht, was zuerst passiert. Entweder sie bringen sich gegenseitig um, oder ich bringe sie um.«

»Ich komme mit jedem Kind allein wunderbar zurecht, aber zusammen sind sie nicht zu ertragen.«

Offensichtlich war das Problem weit verbreitet und erhitzte die Gemüter. Je länger wir uns mit Eltern über das unterhielten, was sich zwischen ihren Kindern abspielte, desto deutlicher sahen wir die Faktoren, die diese starken Spannungen in ihren Familien verursachten. Ein Beispiel: Zwei Kinder konkurrieren um die Liebe und Aufmerksamkeit ihrer Eltern. Kommen dann noch Neid eines Kindes auf die Fähigkeiten der anderen dazu, Mißgunst gegenüber den Privilegien der anderen und die tiefe Frustration, das alles nur an Bruder und Schwester auslassen zu können, dann ist es nicht schwer, sich vorzustellen, daß in den meisten Familien genügend emotionaler Sprengstoff lagert, um eine Vielzahl täglicher Explosionen zu verursachen.

Wir fragten uns: »Gibt es irgend etwas, das für Geschwisterrivalität spricht? Sie ist sicherlich nichts Gutes für Eltern. Ist vielleicht irgend etwas daran gut für Kinder?«

Der Literatur zum Thema zufolge haben die Konflikte zwischen Bruder und Schwester einen gewissen Sinn: Das ständige Gerangel um eine Machtposition macht sie widerstandsfähiger und härter im Nehmen. Die ständigen Raufereien fördern Schnelligkeit und Beweglichkeit; in Wortgefechten erfahren sie den Unterschied zwischen Überzeugen und Verletzen. Durch die ganz normalen Reibungen, die das Zusammenleben mit sich bringt, lernen sie sich zu behaupten, sich zu verteidigen und Kompromisse zu schließen. Und manchmal treibt der Neid auf die besonderen Fähigkeiten des anderen sie dazu, härter zu arbeiten, nicht lockerzulassen und ihr Ziel zu erreichen.

Das ist das Beste an der Geschwisterrivalität. Das Schlimmste daran ist, wie Eltern uns sagten, daß eines oder beide Kinder ernstlich demoralisiert werden oder gar bleibende innere Wunden davontragen. In unserem Buch wollten wir uns mit der Vermeidung und Wiedergutmachung solcher Schäden befassen. Deshalb schien es uns wichtig, noch einmal die Ursachen für den ständigen Konkurrenzkampf unter Geschwistern zu untersuchen.

Die Experten scheinen sich einig zu sein, daß die Wurzeln der Eifersucht unter Geschwistern in dem Wunsch nach *ungeteilter* Liebe der Eltern liegen. Woher kommt dieser starke Wunsch, für die Eltern das Wichtigste auf der Welt zu sein? Er beruht auf der Tatsache, daß aus dieser wunderbaren Quelle, die Vater und Mutter darstellen, all die Dinge fließen, die ein Kind zum Überleben und Gedeihen braucht: Nahrung, Schutz, Wärme, Zärtlichkeit, Selbstwertgefühl, Eigenständigkeit und das Wissen um die eigene Identität. Die wärmende Atmosphäre der Elternliebe und -fürsorge ermöglicht es einem Kind, sich zu entwickeln und allmählich seine Umwelt in den Griff zu bekommen.

Wie sollte es sich da nicht von der Anwesenheit anderer Geschwister bedroht fühlen? Schließlich gefährden sie alles, was für sein Wohlbefinden lebensnotwendig ist. Die bloße Existenz eines oder mehrerer Geschwister kann WENIGER bedeuten: weniger Zeit alleine mit den Eltern, weniger Zuwendung bei Schmerzen und Traurigkeit, weniger Anerkennung bei Erfolg. Und, am erschreckendsten, der Gedanke: »Wenn Mami und Papi meinem Bruder und meiner Schwester soviel Liebe, Fürsorge und Begeisterung entgegenbringen, vielleicht sind sie dann mehr wert als ich. Und wenn sie mehr wert sind, dann heißt das, ich bin weniger wert. Und wenn ich weniger wert bin, dann wird's mir schlecht ergehen.«

Kein Wunder also, daß Kinder sich immer so verzweifelt bemühen, Erster oder Bester zu sein. Kein Wunder, daß sie mit aller Kraft versuchen, *mehr* oder *das meiste* zu bekommen. Oder besser noch, einfach ALLES. Sicherheit, das heißt, Mami und Papi ganz für sich alleine haben, ebenso das ganze Spielzeug, alle Nahrung und allen verfügbaren Raum.

Was für eine schwierige Aufgabe, mit der Eltern hier konfrontiert werden! Sie müssen Möglichkeiten finden, jedem einzelnen Kind zu zeigen: Du wirst beschützt und geliebt und bist etwas Besonderes. Sie müssen den kleinen Konkurrenten helfen, die positiven Seiten von Zusammenarbeit und Miteinanderteilen zu entdecken. Und irgendwie müssen sie einen Grundstock legen, der es den streitenden Geschwistern ermöglicht, sich eines Tages als Quelle gegenseitiger Bereicherung und Hilfe zu erkennen.

Wie werden Eltern mit dieser schweren Verantwortung fertig? Um das herauszufinden, haben wir einen Fragenkatalog erstellt:

– Kennen Sie Verhaltensweisen als Eltern, die Ihrer Erfahrung nach die Beziehung der Kinder untereinander verbessern?
– Oder sie verschlechtern?
– Können Sie sich bei Ihren eigenen Eltern an etwas erinnern, das Feindseligkeiten zwischen Ihnen und Ihren Geschwistern verstärkte?
– Oder sie verringerte?

Wir fragten auch, wie sie selbst mit ihren Geschwistern zurechtkamen, als sie klein waren, wie sie sich jetzt mit ihnen vertragen und welche Themen sie in einem Buch über Geschwisterrivalität interessieren würden.

Parallel dazu führten wir Interviews. Stunden um Stunden zeichneten wir Gespräche mit Männern, Frauen und Kindern aus verschiedenen Schichten im Alter von drei bis 88 Jahren auf Tonband auf.

Schließlich trugen wir das ganze Material zusammen und veranstalteten mehrere Gruppentreffen mit jeweils acht Sitzungen, die sich nur mit dem Thema Geschwisterrivalität befaßten. Einige Eltern in diesen Gruppen waren von Anfang an mit Begeisterung dabei. Andere waren eher skeptisch (»Ja, aber Sie kennen *meine* Kinder nicht!«), wieder andere waren einfach mit ihrem Latein am Ende und bereit, alles auszuprobieren. Alle haben aktiv mitgearbeitet; sie haben mitgeschrieben, Fragen gestellt, an Rollenspielen teilgenommen und die Ergebnisse ihrer Experimente im »Familienlabor« ausgetauscht.

Das vorliegende Buch ist aus all diesen Sitzungen und der gesamten Arbeit in den Jahren zuvor entstanden. Es ist Ausdruck unserer Überzeugung, daß wir als Eltern *tatsächlich* etwas ändern können.

Wir können den Konkurrenzkampf verstärken oder vermindern. Wir können feindselige Gefühle unterdrücken oder Ventile für sie schaffen. Wir können dem Kampf zusätzliche Nahrung geben oder Möglichkeiten zur Zusammenarbeit aufzeigen.

Unser Verhalten und unsere Sprache haben großen Einfluß. Wenn die Schlacht der Geschwister beginnt, müssen wir nicht mehr verwirrt, hilflos oder entnervt reagieren. Mit neuen Fähigkeiten und neuen Einsichten können wir das Kriegsbeil zwischen den Rivalen begraben.

Um die Darstellung klarer und übersichtlicher zu gestalten, treten wir beide im folgenden als eine Person auf. Zwei Jungen übernehmen stellvertretend die Rollen unserer sechs Kinder. Die zahlreichen Gruppentreffen, die wir zusammen oder getrennt durchführten, wurden zu einer zusammengefaßt. Soviel zur nachträglichen Umgestaltung der Realität. Alles übrige in diesem Buch – Gedanken, Gefühle, Erfahrungen – wurde getreu den wirklichen Geschehnissen aufgezeichnet.

Adele Faber
Elaine Mazlish

I.
Brüder und Schwestern –
einst und jetzt

Insgeheim habe ich immer geglaubt, Geschwisterrivalität sei etwas, das es nur bei anderen Leuten gibt.

Irgendwo in meinem Kopf hatte sich der selbstgefällige Gedanke eingenistet, ich könnte das Phantom überlisten, wenn ich alles vermied, was andere Eltern taten, um ihre Kinder eifersüchtig aufeinander zu machen. Ich würde sie nie miteinander vergleichen, würde nie Partei ergreifen oder ein Kind bevorzugen. Wenn beide Jungs wüßten, daß ich sie gleich lieb hatte, würde es vielleicht ab und zu ein kleines Gerangel geben, aber worüber sollten sie sonst noch groß streiten?

Frage hin, Frage her – es fiel ihnen mehr als genug ein. Kaum hatten sie morgens die Augen aufgeschlagen, kannten sie nur noch ein Ziel, bis sie abends erschöpft ins Bett sanken – sich gegenseitig das Leben schwerzumachen.

Ich konnte es nicht begreifen. Mir war es ein Rätsel, wie es zu diesen heftigen, brutalen und endlosen Auseinandersetzungen kommen konnte.

Stimmte etwas nicht mit ihnen?

Stimmte etwas nicht mit mir?

Mir wurde erst wieder wohler, als ich meine Ängste anderen Mitgliedern in Dr. Ginotts Elterngruppe erzählt hatte. Es war eine ungeheure Erleichterung zu entdecken: Du bist mit deinen Problemen nicht allein. Du bist nicht die einzige, deren Alltag aus einer endlosen Folge von Beschimpfungen, Petzereien, Schlägen, Rippenstößen, Geplärre und bitterem Weinen besteht. Du bist nicht die einzige, die bedrückt, nervlich angeschlagen und mit dem Gefühl der Unzulänglichkeit herumläuft.

Man könnte meinen, wir, die wir ja selbst einmal in der Geschwisterrolle waren, hätten wissen müssen, was uns erwartet. Aber die meisten Eltern in der Gruppe waren genausowenig auf die Feindseligkeit unter ihren Kindern vorbereitet wie ich. Sogar jetzt noch, also Jahre später, stelle ich als Leiterin meiner ersten Arbeitsgruppe über Geschwisterrivalität fest, daß sich wenig geändert hat. Die Teilnehmer können es kaum erwarten, ihrer Enttäuschung über die Diskrepanz zwischen rosiger Phantasie und rauher Wirklichkeit Luft zu machen.

»Ich habe noch ein Kind bekommen, weil ich wollte, daß Christy ein Geschwisterchen hat. Jemanden zum Spielen; einen Freund oder eine Freundin fürs Leben. Und jetzt hat sie eine Schwester und haßt sie. Ihr einziger Wunsch ist, ›sie zurückzuschicken‹.«

»Ich habe immer gedacht, meine Jungs würden zusammenhalten. Auch wenn sie sich zu Hause prügelten, draußen würden sie zusammenhalten. Mich traf fast der Schlag, als ich erfuhr, daß mein älterer Sohn bei einer Gruppe dabei war, die seinem kleinen Bruder an der Bushaltestelle immer auflauerte.«

»Ich bin mit Brüdern aufgewachsen und wußte, daß Jungen sich schlagen. Aber ich dachte, bei Mädchen wäre das anders. Nicht bei meinen drei. Und das Schlimmste ist, sie haben alle drei das Gedächtnis von Elefanten. Sie vergessen nie, was ›die mit mir gemacht hat‹, egal, ob das letzte Woche, letzten Monat oder letztes Jahr war. Und sie verzeihen nie.«

»Ich bin selbst ein Einzelkind und dachte, ich täte Dara einen großen Gefallen, als ich Gregory bekam. In meiner Naivität dachte ich, sie würden sich automatisch verstehen. Taten sie auch – bis er anfing, zu laufen und zu reden. Ich habe mir immer wieder gesagt: ›Es wird sicher besser, wenn sie älter sind.‹ Aber es wird immer schlimmer. Gregory ist jetzt sechs und Dara neun. Alles, was Gregory hat, will Dara haben. Und alles, was sie hat, will er haben. Sie können nicht mal aneinander vorbeigehen, ohne sich zu treten und zu schlagen.

Und ständig fragen sie mich: ›Warum mußtest du ihn bekommen? Warum mußtest du sie bekommen? Warum kann ich nicht dein einziges Kind sein?‹«

»Ich habe versucht, das Problem der Geschwisterrivalität zu umgehen, indem ich meine Kinder in wohlüberlegten Zeitabständen zur Welt brachte. Meine Schwägerin riet mir, sie möglichst kurz hintereinander zu bekommen, dann würden sie miteinander spielen wie kleine Hunde. Ich befolgte ihren Rat, und sie stritten von morgens bis abends. Dann habe ich in einem Buch gelesen, der optimale Altersunterschied wäre drei Jahre. Auch das hab ich probiert, und nun verbündet sich der Älteste mit dem Mittleren gegen den Kleinsten. Das nächste Kind habe ich erst nach vier Jahren bekommen, und nun kommen sie alle zusammen schreiend zu mir gelaufen. Die Jüngeren beschweren sich, daß der Älteste ›gemein und rechthaberisch‹ ist, und der Älteste beschwert sich, daß die Kleinen nicht auf ihn hören. Wie man's auch macht, man macht's falsch.«

»Ich habe nie verstanden, warum sich Leute die Köpfe über Geschwisterrivalität zerbrechen, weil ich mit meinem Sohn und mit meiner Tochter, solange sie klein waren, keine Probleme hatte. Tja, jetzt sind sie im Teenager-Alter und holen das Versäumte kräftig nach. Sie können keine Minute zusammensein, ohne daß die Fetzen fliegen.«

Als ich mir diese Aufzählung von Dramen so anhörte, fragte ich mich: »Wieso sind sie denn so überrascht? Haben sie denn ihre eigene Kindheit vergessen? Erinnern sie sich nicht an ihr eigenes Verhältnis zu Brüdern und Schwestern? Und ich? Warum halfen mir die Erfahrungen mit meinen Geschwistern nicht bei der Erziehung meiner eigenen Kinder? Vielleicht, weil ich das Nesthäkchen der Familie war, mit einer viel älteren Schwester und einem viel älteren Bruder. Ich habe nie erlebt, wie Brüder miteinander aufwachsen.«

Als ich meine Gedanken der Gruppe mitteilte, stimmten mir die anderen eifrig zu: Auch ihre Kinder unterschieden sich, was Anzahl, Altersunterschied, Geschlecht und Charakter betraf, wesentlich von den Geschwistern, mit denen sie selbst aufgewachsen waren. Sie wiesen auch darauf hin, daß sich die Perspektive geändert habe. Wie es ein Vater ironisch formulierte: »Es ist eine Sache, das streitende Kind zu sein, und eine ganz andere Sache, als Eltern damit fertig werden zu müssen.«

Aber selbst jetzt noch, als wir versuchten, die Unterschiede zwischen Herkunftsfamilie und eigener Familie nüchtern darzustellen, stiegen alte und starke Erinnerungen auf. Jeder hatte eine Geschichte zu erzählen, und nach und nach füllte sich der Raum mit den Brüdern und Schwestern der eigenen Kindheit und den starken Gefühlen, die diese Beziehungen kennzeichneten:

»Ich weiß noch, wie ich mich immer geärgert habe, wenn mich mein ältester Bruder auf die Schippe nahm. Meine Eltern haben mir immer wieder gesagt: ›Wenn du nicht darauf reagierst, wird er dich schon in Ruhe lassen‹. Aber ich reagierte immer. Er hat mich so lange geärgert, bis ich anfing zu weinen. Dann hat er immer gesagt: ›Nimm deine Zahnbürste und geh. Hier mag dich sowieso keiner.‹ Das hat immer funktioniert. Bei der Bemerkung habe ich jedesmal geweint.«

»Mein Bruder hat mich auch immer aufgezogen. Einmal, ich war ungefähr acht, war ich so sauer auf ihn, weil er mich vom Fahrrad schubsen wollte, daß ich mir sagte: ›Jetzt reicht's. Das muß aufhören.‹ Dann bin ich ins Haus gegangen und hab die Vermittlung angerufen. (Ich komme aus einer kleinen Stadt, in der man damals noch nicht direkt wählen konnte.) Ich sagte: ›Bitte die Polizei.‹ Die Frau in der Vermittlung sagte: ›Tja, hm…‹, und dann kam meine Mutter ins Zimmer und nahm mir den Telefonhörer weg. Sie hat mich nie angeschrien, aber sie sagte: ›Ich werde mit deinem Vater darüber reden müssen.‹

Als er an diesem Abend von der Arbeit heimkam, tat ich, als sei ich schon eingeschlafen, aber er weckte mich auf. Er sagte nur: ›So wirst du deine Wut nie in den Griff kriegen.‹ Zuerst war ich erleichtert, weil ich nicht bestraft wurde. Aber ich weiß noch, wie ich dalag und mir die ganze Wut wieder hochkam und wie hilflos ich mich fühlte.«

»Mein Bruder durfte mir nie etwas tun, egal, was ich mit ihm machte. Ich war ›Papis Liebling‹.

Er hat mir alles durchgehen lassen. Und ich hab wirklich ein paar schlimme Sachen angestellt. Einmal hab ich ihn mit heißem Backfett bespritzt. Ein anderes Mal habe ich ihm eine Gabel in den Arm gerammt. Manchmal versuchte er mich zu bremsen, indem er mich festhielt. Aber sobald er dann losließ, hab ich ihm erst richtig weh getan. Eines Tages, als meine Eltern nicht zu Hause waren, schlug er mir voll ins Gesicht. Ich hab immer noch eine Narbe unter dem Auge. Das saß wirklich. Ich hab mich nie wieder körperlich mit ihm angelegt.«

»In meiner Familie waren Streitereien einfach verboten. Punktum. Mein Bruder und ich durften nicht einmal sauer aufeinander sein. Wir mochten uns eigentlich die meiste Zeit nicht. Aber wir durften nicht sauer werden. Warum? Keine Begründung. Einfach nicht erlaubt. Es hieß: ›Er ist dein Bruder. Du *mußt* ihn lieben.‹ Ich sagte immer: ›Aber Mami, er ist eine Nervensäge und ein Egoist!‹

›Da kann man nichts machen. Du mußt ihn mögen.‹

So wurden eine Menge Aggressionen einfach unterdrückt, weil ich immer Angst hatte, sie herauszulassen.«

Als immer mehr Erinnerungen an die Geschwister herausgekramt wurden, staunte ich, wie diese Geschichten den Erzähler in die Vergangenheit zurückzukatapultieren schienen und die alten Schmerzen und die alte Wut wiederaufleben ließen. Aber wie unterschieden sich diese Szenarios von denen, die die Eltern vorher bei ihren eigenen Kindern beschrieben hatten? Die Umstände und die Darsteller waren zwar nicht identisch, aber die Gefühle schienen sich sehr zu gleichen.

»Vielleicht sind die Generationen doch nicht so verschieden«, bemerkte jemand betreten. »Vielleicht müssen wir einfach akzeptieren, daß Geschwister natürliche Gegner sind.«

»Nicht unbedingt«, konterte ein Vater. »Mein Bruder und ich

haben uns von Anfang an gut verstanden. Als ich klein war, ließ ihn meine Mutter immer auf mich aufpassen. Und er war immer damit einverstanden – selbst wenn sie darauf bestand, daß er erst dann spielen ging, wenn ich mein Fläschchen ausgetrunken hatte. Ich wollte meine Flasche nicht austrinken, und er wollte auch nicht rumsitzen und warten. Also hat er es für mich ausgetrunken. Dann sind wir zusammen losgezogen und haben seine Freunde besucht.«

Allgemeines Gelächter. Eine Frau sagte: »Genau wie meine Schwester und ich. Wir haben immer unter einer Decke gesteckt, besonders als Teenager. Immer, wenn wir uns bei meiner Mutter für etwas rächen wollten, haben wir uns zusammengetan. Wenn sie uns geschimpft oder kritisiert hat, sind wir in den Hungerstreik getreten – entweder sie oder ich. Das hat meine Mutter zum Wahnsinn getrieben, weil sie sowieso immer dachte, wir wären zu dünn. Sie gab uns immer Eierpunsch und Milchshakes zu trinken. Wenn wir also nichts gegessen haben, war das die schlimmste Strafe für sie. Aber hinter ihrem Rücken haben wir immer gegessen. Diejenige, die nicht im Hungerstreik war, steckte der anderen etwas zu.«

Sie hielt inne und runzelte die Stirn: »Aber mit meiner jüngeren Schwester war das ganz anders. Ich mochte sie nie. Sie kam zehn Jahre nach mir auf die Welt, und alles drehte sich nur noch um ›das Baby‹. Für mich war sie nur ein verzogenes Balg. Und das ist sie immer noch.«

»Das sagen meine älteren Schwestern wahrscheinlich auch über mich«, bemerkte eine andere Frau. »Sie waren acht und zwölf, als ich geboren wurde, und ich glaube, sie waren sehr eifersüchtig, weil ich der Liebling meines Vaters war. Ich hatte auch eine Menge Vorteile, die sie nicht gehabt hatten. Als ich zur Welt kam, war mehr Geld da, und ich war die einzige, die aufs College gehen konnte. Meine Schwestern waren beide schon mit neunzehn verheiratet.

Seit mein Vater tot ist, habe ich ein sehr enges Verhältnis zu meiner Mutter. Sie hängt auch sehr an meinen Kindern. Neulich haben wir mit dem Gedanken gespielt, ihr Haus in ein

Mutter-Tochter-Haus zu verwandeln. Sie können sich gar nicht vorstellen, was sich jetzt abspielt. Als meine Mutter meinen Schwestern von unseren Plänen erzählte, sind sie an die Decke gegangen. ›*Wir* haben eine Hypothek aufnehmen müssen, um ein Haus zu kaufen ... *Wir* mußten uns jahrelang abstrampeln, um das zu kriegen, was wir haben ... *Sie* ist aufs College gegangen ... Ihr Mann ist aufs College gegangen ... *Er* hat einen guten Job.‹

Aber ich glaube, am meisten ärgert mich, daß meine Nichten und Neffen jetzt meine Kinder beneiden. Sie sagen: ›Oma, warum verbringst du deine ganze Zeit mit ihnen? Du kommst uns nie mehr besuchen!‹ Die Eifersucht scheint kein Ende zu nehmen. Sie ist von einer Generation auf die nächste übertragen worden.«

Ein Seufzen ging durch den Raum. Jemand sagte, wir würden hier ganz schön heiße Eisen anpacken. Ich wollte erst einmal das bisher Gesagte zusammenfassen, bevor wir weitermachten: »Wir haben uns jetzt unsere eigene Kindheit und die unserer Kinder angeschaut. Und wie es bis jetzt aussieht, können die Beziehungen zu unseren Geschwistern unsere Kindheit sehr stark beeinflussen, beziehungsweise sehr starke Emotionen in uns auslösen, positive wie negative. Weiter können wir sagen, diese Emotionen können sogar im Erwachsenenalter in unseren Beziehungen zu Brüdern und Schwestern weiterleben. Und schließlich können diese Gefühle von einer Generation auf die nächste übertragen werden.«

Da war noch etwas, aber ich wußte noch nicht genau, was. Und wieder fielen mir mein Bruder und meine Schwester ein und wie sie mich als lästiges Anhängsel behandelten, das ihnen immer im Weg war. Sogar jetzt noch, als einigermaßen erfolgreiche Erwachsene, habe ich manchmal das Gefühl, »im Weg zu sein«. Als ich dann fragte: Ob es wohl zu weit ginge, zu behaupten, daß diese frühen Erfahrungen mit unseren Geschwistern die Art bestimmten, wie wir heute denken, handeln oder uns selbst einschätzen, schossen sofort vier Hände hoch. Ich nickte einem der Väter zu.

»Aber sicher!« sagte er. »Ich bin ein Mensch, der immer das Sagen haben muß. Und ich bin sicher, das liegt daran, daß ich der älteste von vier Brüdern war. Ich war für die jüngeren der wohlwollende Diktator. Sie haben immer zu mir aufgeschaut und hätten alles getan, was ich von ihnen verlangte. Manchmal hab ich sie verprügelt, aber ich habe sie auch vor den Schlägern der Nachbarschaft beschützt.

Auch heute noch muß ich der Boss sein. Neulich bekam ich ein sehr gutes Angebot für mein Geschäft. Ich sollte als Manager den Betrieb weiter leiten. Aber ich kenne mich. Das werd ich nie tun. Ich muß immer mein eigener Herr sein.«

»Ich bin der jüngste von fünf Brüdern, und für mich gibt es keinen Zweifel, daß meine Brüder meine Selbsteinschätzung entscheidend geprägt haben. Sie sind alle sehr aktiv, richtige Erfolgsmenschen – intellektuell, sportlich, einfach in jeder Hinsicht. Nur, bei ihnen kam das alles von selbst. Ich hinkte als Kind ständig hinterher. Während sie ihren Spaß hatten, saß ich oben und quälte mich mit meinen Büchern. Sie haben nie so recht gewußt, was sie mit mir anfangen sollen. Sie nannten mich immer das ›Adoptivkind‹ – lieb gemeint natürlich.

Bis zum heutigen Tag gönn ich mir keine Ruhe. Meine Frau wirft mir vor, ich sei arbeitswütig. Aber sie versteht einfach nicht, daß ein Teil von mir immer noch mit hechelnder Zunge hinter meinen Brüdern herrennt.«

»Ich hab schon lange aufgehört, mich mit meiner älteren Schwester zu messen«, sagte eine Frau. »Sie war so schön und begabt – jeder Vergleich erübrigte sich von vornherein. Und sie wußte es.

Einmal, ich war so um die dreizehn, zogen wir uns für eine Familienhochzeit an. Ich fand mich sehr hübsch. Wir standen nebeneinander vor dem Spiegel, und sie sagte: ›Ich bin das BBB-Mädchen: bezaubernd, begehrt und bewundernswert.‹ Dann schaute sie mich an und sagte: ›Und du bist das NNN-Mädchen: niedlich, nichtssagend und natürlich.‹ Das hab ich nie vergessen. Sogar heute noch denke ich, wenn mir jemand ein Kompliment macht: ›Ja, ja, aber ihr solltet erst mal meine Schwester sehen.‹«

»Meine Schwester war für mich auch ein Problem«, sagte eine Frau leise. Einige Leute beugten sich vor, um sie besser zu verstehen. »Sie war immer... ich hab mich immer für sie geschämt.« Sie zögerte, holte tief Luft und fuhr fort: »Solange ich denken kann, hatte sie emotionale Probleme und hat immer verrückte Sachen angestellt, die ich dann vor meinen Freunden rechtfertigen mußte. Meine Eltern waren immer so besorgt um sie, daß ich glaubte, ich müsse die ›Brave‹ sein, auf die sie sich verlassen konnten. Obwohl ich die Jüngere war, kam ich mir immer vor wie die Ältere.

Und das einzige, was sich in den letzten Jahren geändert hat, ist, daß meine Schwester noch schlimmer geworden ist. Immer, wenn ich sie sehe – auch wenn ich weiß, daß es nicht ihre Schuld ist – werde ich sauer. Als hätte sie mich um eine normale Kindheit betrogen.«

Ich hörte staunend zu. Mir war immer bewußt gewesen, wie sehr Eltern das Leben ihrer Kinder prägten. Aber erst in diesem Augenblick wurde mir klar, wie stark Geschwister gegenseitig ihr Schicksal beeinflussen können.

Hier saß ein erwachsener Mann und sagt, er müsse immer noch der Boss sein. Ein anderer versucht, immer noch den Anschluß zu finden. Eine Frau, die immer noch glaubt, sie könne bei einem Vergleich nur den kürzeren ziehen. Und eine andere, die immer noch darunter leidet, daß sie das ›brave Mädchen‹ sein mußte. Und das alles, weil ihre Geschwister zufällig so waren, wie sie waren.

Während ich noch versuchte, all diese neuen Gedanken zu verdauen, merkte ich plötzlich, daß ein Mann aus der Gruppe schon seit einiger Zeit redete. Ich zwang mich, zuzuhören.

»...und bei mir zu Hause war es immer mein Vater, auf den man sich nicht verlassen konnte. Meine Mutter war sehr liebevoll, sehr ruhig. Mein Vater war sehr launisch, völlig unberechenbar. Er ging manchmal weg und sagte, er würde zwei Tage fortbleiben, und kam dann erst zwei Monate später zurück. So mußten wir einfach zusammenrücken, um uns gegenseitig zu schützen. Die Großen paßten auf die Kleinen auf, und sobald wir alt genug waren, hat jeder von uns nach der Schule gearbeitet. Jeder hat seinen Verdienst zum Unterhalt beigesteuert. Wenn wir nicht zusammengehalten hätten, hätten wir es nie geschafft.«

Ein Raunen ging durch den Raum. »Mmh... toll... wunderbar.« Diese letzte Geschichte hatte die tiefste Sehnsucht der Gruppenmitglieder angesprochen – Kinder zu haben, die sich gegenseitig mit Liebe, Hilfsbereitschaft und Loyalität unterstützten.

Eine Frau sagte: »Das klingt ermutigend! Was Sie gerade beschrieben haben, ist genau das, was ich mir immer erhofft habe. Aber es ist auch entmutigend. Ich habe schon gehört, daß in manchen Familien die Kinder zusammenrücken, weil die Eltern schwere Probleme haben. Ich weigere mich einfach zu glauben, mein Mann müßte mich verlassen, damit meine Kinder endlich mal nett zueinander sind.«

»Meiner Meinung nach«, warf ein Mann ein, »ist das Ganze ein genetisches Würfelspiel. Wenn man Glück hat, kriegt man eine gelungene Kombination von Kindern, deren Persönlichkeiten sich ergänzen. Wenn nicht, dann gibt's Ärger. Aber in beiden Fällen hat man selbst nicht den geringsten Einfluß darauf.«

»Ich kann mich nicht damit abfinden, daß wir ›keinen Einfluß darauf haben‹«, erwiderte eine Frau. »Wir haben hier und heute viel Beispiele gehört, wie Eltern die Beziehung zwischen ihren Kindern verschlimmert haben, ja, sie sogar auseinandergetrieben haben. Ich bin in diese Gruppe gekommen, weil ich will, daß meine Kinder eines Tages Freunde werden.«

Wo hatte ich das schon einmal gehört? Ich meldete mich zu Wort: »Sie erinnern mich an mich selbst vor zehn Jahren. Ich war von diesem Thema richtig besessen. Ich wollte persönlich dafür sorgen, daß meine zwei Jungs Freunde werden. Das Ende vom Lied war, daß ich mich auf einer emotionalen Achterbahn wiederfand. Jedesmal, wenn sie brav miteinander gespielt haben, war ich in Hochstimmung. Ich dachte: ›Da! Sie mögen sich also doch. Ich bin eine wunderbare Mutter.‹ Und jedesmal, wenn sie gestritten haben, dachte ich verzweifelt: ›Sie hassen sich, alles ist meine Schuld!‹ Es war einer der schönsten Tage meines Lebens, als ich endlich diesen ›Gute-Freunde‹-Traum aufgab und ihn durch ein realistischeres Ziel ersetzte.«

Die andere Frau war ganz verunsichert. »Ich weiß nicht genau, worauf Sie hinauswollen«, sagte sie.

»Anstatt mir den Kopf darüber zu zerbrechen, wie meine beiden Jungen Freunde werden könnten«, erklärte ich, »begann ich, darüber nachzudenken, was zu tun war, um ihnen die nötigen Voraussetzungen und Einstellungen für eine liebevolle Beziehung zu vermitteln. Sie mußten noch so viel lernen. Sie sollten sich nicht ihr ganzes Leben damit herumschlagen, wer nun recht hat und wer nicht. Sie sollten die Möglichkeit haben, über diese Denkweise hinauszukommen und zu lernen, wie man einander richtig zuhört, wie man Unterschiede akzeptiert und Wege und Mittel findet, sie zu überwinden. Selbst wenn ihre Persönlichkeiten tatsächlich so verschieden waren, daß sie untereinander nie Freunde werden konnten, so hatten sie dann wenigstens die Möglichkeit, Freunde zu finden und anderen ein Freund zu sein.«

Die Frau schien verblüfft. Ich verstand auch, warum. Es hatte mich viel Zeit gekostet, mich mit dem abzufinden, was ich gerade so schnell in Kurzform zusammengefaßt hatte.

»Sie müssen verstehen«, sagte ich, »daß ich auch oft einfach zu müde, zu angewidert oder zu verärgert über die Kinder war, um es überhaupt zu versuchen. Aber wenn es mir dann gelang, aus einem Wortgefecht eine vernünftige Diskussion zu machen, kam ich mir ganz toll vor – wirklich fähig, meine Kinder zu erziehen.«

»Ich weiß nicht, ob ich dazu in der Lage bin«, antwortete sie nervös.

»Es steckt kein besonderes Geheimnis dahinter. Das können Sie genauso«, beruhigte ich sie. »Und das werden Sie auch, gleich nächste Woche.«

Mit einem schwachen Lächeln sagte sie: »Ich weiß nicht, ob ich so lange durchhalte. Was mach ich in der Zwischenzeit?« Jetzt wandte ich mich an die ganze Gruppe. »Wir sollten in dieser Woche beobachten, was unsere Kinder zum Streiten bringt. Machen Sie das Beste aus den Streitereien. Schreiben Sie Vorfälle oder Gespräche darüber auf. Bei unserem nächsten Treffen werden wir unsere Aufzeichnungen vergleichen und damit arbeiten.«

Auf der Fahrt von der Gruppensitzung nach Hause dachte ich über meine beiden, inzwischen erwachsenen, Söhne nach. Ich konnte mich noch lebhaft an ihr Gespräch nach dem Thanksgiving-Essen letzte Woche erinnern.
Plötzlich stehe ich wieder im Speisezimmer, räume den Tisch ab und höre den beiden zu, wie sie in der Küche aufräumen. Zuerst frotzeln sie über die Arbeitsteilung. Jeder behauptet, etwas besonders gut zu können, und versucht, die unangenehmen Arbeiten dem anderen zuzuschieben. Dann wird das Gespräch ernster: Sie vergleichen ihre Schulen und ihre Hauptfächer – Naturwissenschaften bei einem, Kunst beim anderen. Mit einemmal entwickelt sich eine hitzige Debatte darüber, wer für die Gesellschaft wichtiger sei, der Künstler oder der Wissenschaftler. »Denk doch mal an Pasteur.« – »Ja, aber was ist mit Picasso?« Es geht immer weiter hin und her, und jeder versucht, den anderen zu überzeugen. Schließlich gestehen sie erschöpft ein, daß *beide* für die Gesellschaft wichtig sind.
Nach einer kurzen Pause geht das Gespräch in die Vergangenheit zurück. Ein alter Streit flammt auf. Sie werfen sich wieder vor, wer wem was wann angetan hat. Jeder versucht, sich von seinem jetzigen Erwachsenen-Standpunkt aus zu rechtfertigen. Nach einiger Zeit schlägt die Stimmung wieder um. Erinnerungen an lustige Begebenheiten werden ausgetauscht, und die beiden können sich kaum halten vor Lachen.
Es ist fast so, als wären zwei entgegengesetzte Kräfte am

Werk: Eine Kraft treibt sie auseinander, wenn sie nämlich die Unterschiede zwischen ihnen benutzen, um ihre Einzigartigkeit und Selbständigkeit hervorzuheben. Die andere führt sie zusammen, so daß sie sich ihrer einzigartigen Beziehung als Brüder bewußt werden.

Während ich mit halbem Ohr vom anderen Zimmer aus zuhöre, bin ich überrascht, wie ruhig ich bleibe. Mir wird klar, wie wenig mich die ständig wechselnde Stimmung in ihrer Beziehung tangiert. Ich weiß, daß die Gegensätze von Temperament und Interessen, die ihnen schon in ihrer Kindheit zu schaffen machten, immer noch da sind. Aber ich weiß auch, daß ich ihnen im Laufe der Jahre geholfen habe, verbindende Brücken zwischen den Inseln ihrer Identität zu bauen. Falls sie einmal den anderen brauchen, haben sie Mittel und Wege, zueinander zu finden.

2.
Erst wenn das Faß überläuft

Die nächste Gruppensitzung begann eigentlich schon, bevor sie begann, nämlich als die Leute ihre Mäntel ablegten. »Es war wirklich eine Hilfe, sich Notizen zu machen, während die Kinder gestritten haben«, bemerkte eine Mutter. »Ich hab mich vor lauter Schreiben gar nicht aufregen können.«

»Wär zu schön, wenn ich dasselbe sagen könnte«, warf eine andere Frau ein. »Als die Woche vorbei war, konnte ich meine älteste Tochter nicht mal mehr anschaun.«

Sie nahm ihr Notizbuch und schlug die erste Seite auf. »Möchten Sie vielleicht mal hören, was sie ihrer kleinen Schwester heute morgen beim Frühstück an den Kopf geworfen hat?

Bin ich froh, daß ich nicht neben dir sitze.

Du stinkst.

Papi mag mich viel lieber als dich.

Du bist häßlich.

Du kannst nicht mal das Alphabet.

Mami muß dir sogar die Schuhe zubinden.

Ich bin hübscher als du.«

Ein mitfühlendes Seufzen ging durch den Raum, während sich alle einen Stuhl suchten.

»Ich hab gedacht, mein Sohn würde diese kindischen Gemeinheiten ablegen, wenn er älter wird«, sagte ein Vater resigniert. »Aber sogar jetzt im Teenager-Alter schikaniert er seinen Bruder noch. Ich würde die Worte, die er ihm an den Kopf wirft, nicht mal in den Mund nehmen.«

»Ich versteh nicht, wie sie so bösartig sein können«, sagte eine Frau. »Meine Fünfjährige zieht das Baby an den Haaren, steckt ihr die Finger in die Nase, in die Ohren und in die Augen. Die Kleine hat Glück, daß sie ihre Augäpfel noch hat.«

Ich wußte genau, wovon sie alle redeten. Ich werde nie vergessen, wie verwirrt und wütend ich war, als ich auf dem Rükken meines Babys zwei lange Kratzer entdeckte und mein Dreijähriger mit einem teuflischen Grinsen danebenstand. Was für ein gemeines, verderbtes Kind! Warum hatte er das gemacht?

Um an die Gründe der »Bösartigkeit« unserer Kinder heranzukommen, verteilte ich folgenden Übungsbogen an die Gruppe (Liebe Leser: Vielleicht ist es für Sie hilfreich, Ihre eigenen Reaktionen niederzuschreiben. Wenn Sie ein Mann sind, ersetzen Sie »Ehefrau« durch »Ehemann« und »sie« durch »er« in der ganzen Übung):

Stellen Sie sich vor, Ihr Mann nimmt Sie in den Arm und sagt: »Schatz, ich liebe dich so sehr, und du bist so wunderbar, daß ich mich entschlossen habe, mir noch so eine Frau zu nehmen wie dich.«

Ihre Reaktion: _____

_____

_____

Als die neue Frau dann schließlich in Ihr Leben tritt, stellen Sie fest, daß sie sehr jung ist und durchaus einen gewissen Charme hat. Wenn Sie zu dritt ausgehen, begrüßen die Leute Sie zwar sehr höflich, aber ihre Begeisterung gilt der Neuen. »Ist sie nicht bezaubernd? Sie ist einfach toll!« Dann wenden sie sich an Sie und fragen: »Wie gefällt Ihnen die neue Frau?«

Ihre Reaktion: _____

_____

_____

Die neue Frau braucht etwas zum Anziehen. Ihr Mann geht an Ihren Schrank, nimmt ein paar von Ihren Pullovern und Hosen und gibt sie ihr. Als Sie protestieren, erklärt er Ihnen, Sie hätten etwas zugenommen, die Sachen wären Ihnen sowieso zu eng und ihr würden sie genau passen.

Ihre Reaktion: _____

_____

_____

Die neue Frau entwickelt sich schnell. Es kommt Ihnen so vor, als würde sie täglich schlauer und besser. Eines Nachmittags, als Sie gerade mühsam versuchen, sich in der Bedienungsanleitung für den neuen Computer, den Ihnen Ihr Mann gekauft hat, zurechtzufinden, platzt sie ins Zimmer und sagt: »Oh, darf ich mal? Ich weiß, wie das geht.«

Ihre Reaktion: _____

_____

_____

Als Sie sie nicht hinlassen, läuft sie weinend zu Ihrem Mann. Kurz darauf kommt sie mit ihm zurück. Sie hat ein verheultes Gesicht, und er hat den Arm um sie gelegt. Er sagt zu Ihnen: »Was ist denn so schlimm daran, wenn sie's auch mal versucht? Warum kannst du sie nicht dranlassen?«

Ihre Reaktion: _____

_____

_____

Eines Tages sehen Sie, wie Ihr Mann und die neue Frau zusammen auf dem Bett liegen. Er kitzelt sie, und sie kichert. Plötzlich klingelt das Telefon, und er nimmt ab. Anschließend sagt er Ihnen, es wäre etwas Wichtiges dazwischengekommen und er müsse sofort weg. Er bittet Sie, zu Hause zu bleiben und sich um die neue Frau zu kümmern.

Ihre Reaktion: _____

_____

_____

Haben Sie bemerkt, daß Sie nicht gerade liebevoll reagiert haben? Die Mitglieder unserer Gruppe gaben bereitwillig zu, daß hinter ihrem anständigen, zivilisierten Äußeren die Fähigkeit zu Kleinlichkeit, Grausamkeit und Bosheit und auch Gedanken an Rache, Folter und Mord lauerten. Selbst diejenigen, die sich für ruhig und selbstsicher hielten, waren überrascht, wie wütend und bedroht sie sich durch die bloße Existenz der »anderen« fühlten.

»Etwas läßt mir keine Ruhe«, sagte eine Frau. »Diese Übung geht davon aus, daß nur die Erstgeborenen so reagieren. Bei mir zu Hause fühlt sich aber das Baby angegriffen und ist wütend. Meine Tochter ist erst achtzehn Monate, aber sie greift ihren vier Jahre alten Bruder grundlos an. Gestern hat sie sich von hinten an ihn rangemacht, als er beim Fernsehen saß, und hat ihm ihre Rassel über den Kopf gezogen. Und heut früh lag sie mit mir auf dem Bett und trank ganz friedlich ihr Fläschchen. Als sich dann ihr Bruder auf die andere Seite neben mich legen wollte, hörte sie auf zu trinken und gab ihm einen Schubs, daß er auf den Boden fiel.«

Daraus entwickelte sich eine lange Diskussion über die Empfindungen des jüngeren Kindes. Einige Elternpaare erzählten, sie hätten streitsüchtige jüngere Kinder, die sich von Anfang an mit ihren älteren Geschwistern angelegt hatten. Andere beschrieben kleine Kinder, die einen älteren Bruder oder eine ältere Schwester anbeteten und die die Ablehnung ihrer Geschwister verletzte und verwirrte. Eine Mutter erzählte von einem jüngsten Kind, das vollkommen überfordert und entmutigt war, weil es das Gefühl hatte, immer hinterdreinzuhinken.

Einem Vater schien der Verlauf unserer Diskussion nicht zu passen. »Jetzt mal ehrlich«, sagte er, »ich finde, wir geben uns zu sehr mit Gefühlen ab. Mir steht dieses Gefühlsgetue zu Hause bis zum Hals. Ich komme nach einem harten Tag nach Hause – die drei Mädchen brüllen sich gegenseitig an, meine Frau brüllt die Mädchen an, und alle kommen zu mir, um sich über die anderen zu beschweren. Ich kann schon nicht mehr hören, wer was warum fühlt! Ich will, daß es endlich aufhört.«

»Man merkt, wie genervt und frustriert Sie sind«, sagte ich.

»Aber darin liegt ja die Ironie der Sache. Wenn überhaupt Hoffnung besteht, daß es aufhört, dann müssen wir allen Gefühlen, die wir am liebsten verdrängen würden, freien Lauf lassen, sie annehmen und mit Respekt behandeln.«

Er saß da und schmollte.

»Ich weiß, wie es einen aufregen kann«, sagte ich, »wenn ein Kind über das andere herzieht. Aber wenn wir den Ausdruck dieses Gefühls verbieten, besteht die Gefahr, daß es unterschwellig erhalten bleibt, in einer anderen Form wiederauftaucht und sich entweder in physischen Symptomen oder emotionalen Problemen äußert.«

Jetzt blickte er mich skeptisch an.

»Schaun wir uns mal an, wie es bei uns Erwachsenen ist«, sagte ich, »wenn negative Gefühle nicht zugelassen werden. Wir wollen dazu kurz zu unserem Beispiel ›Neue Frau/Neuer Mann‹ zurückkehren. Angenommen...«

»Damit bin ich sowieso nicht zurechtgekommen«, unterbrach mich ein Mann. »Schließlich ist es in Amerika nicht üblich, sich einen zweiten Ehepartner zu nehmen. Es ist sogar verboten. Aber es ist erlaubt und durchaus nicht verboten, daß Eltern mehr als ein Kind haben.«

»Ganz richtig«, sagte ich. »Aber für diese Übung nehmen wir einfach mal an, die gesellschaftlichen Vorstellungen hätten sich geändert und diese zweite Heirat wäre gesetzlich sogar vorgeschrieben. Aufgrund von Männer- oder Frauenmangel im Land wurde ein neues Gesetz verabschiedet, das das zahlenmäßig geringere Geschlecht verpflichtet, einen zweiten Ehepartner zu nehmen.«

»In Ordnung«, sagte er zögernd, »damit bin ich einverstanden.«

»Warum auch nicht?« stichelte eine Frau. »Ihr seid doch das zahlenmäßig geringere Geschlecht!«

Ich wartete, bis das Gelächter sich gelegt hatte. »Ein Jahr ist jetzt vergangen«, fuhr ich fort, »seitdem die neue Frau oder der neue Mann ins Haus gekommen ist. Sie haben sich nicht an ihre oder seine Anwesenheit gewöhnt, im Gegenteil. Sie macht Ihnen noch mehr zu schaffen. Sie fragen sich manchmal, ob Sie vielleicht nicht ganz normal sind. Sie sitzen gerade innerlich verstört und verletzt auf dem Bettrand, und Ihr Ehepartner kommt herein. Da platzt es einfach aus Ihnen heraus: ›Ich will diese Person nicht mehr im Haus haben. Ich bin sehr unglücklich. Warum kannst du sie denn nicht wegschicken?‹

Ihr Ehemann oder ihre Ehefrau wird ganz unterschiedlich darauf reagieren.« Schreiben Sie sich Ihre Reaktion auf jede der folgenden Antworten auf:

1. Das ist doch Quatsch. Das ist doch lächerlich. Du hast keinen Grund, das so zu empfinden.

Ihre Reaktion: _____

_____

_____

2. Ich werde wirklich böse, wenn du so was sagst. Wenn du wirklich so denkst, behalt es bitte für dich, ich will es gar nicht hören.

Ihre Reaktion: _____

_____

_____

3. Sei so gut und zwing mich nicht, etwas Unmögliches zu tun. Du weißt ganz genau, daß ich sie/ihn nicht wegschicken kann. Wir sind doch jetzt eine Familie.

Ihre Reaktion: _____

_____

_____

4. Warum mußt du alles immer so negativ sehen? Versuch mit ihm/ihr auszukommen, und komm nicht gleich wegen jeder Kleinigkeit zu mir gerannt.

Ihre Reaktion: _____

_____

_____

5. Ich hab nicht nur meinetwegen noch einmal geheiratet. Ich weiß, daß du manchmal einsam bist, und ich hab gedacht, ein bißchen Gesellschaft würde dir guttun.

Ihre Reaktion: _____

_____

_____

6. Ach komm jetzt, Schatz. Laß das. Was haben meine Gefühle für dich mit jemand anderem zu tun. Meine Liebe reicht für euch beide.

Ihre Reaktion: _____

_____

_____

Wieder waren die Gruppenmitglieder von ihren eigenen Reaktionen verblüfft. Einige sagten, sie fühlten sich »dumm«, »schuldig«, »im Unrecht«, »verrückt«, »niedergeschlagen«, »machtlos«, »verlassen«.
Andere sagten: »Ich kann mein wahres Ich nicht verkraften«... »Ich muß ein schlechter Mensch sein«... »Ich muß mich mit dieser Situation abfinden, um mir das bißchen Liebe, das mir noch bleibt, zu erhalten«... »Ich hab keinen, mit dem ich reden kann, keinen, der sich um mich kümmert.«
Aber die größte Überraschung für die meisten war das starke Bedürfnis zu verletzen, egal, was es kostet. Man wollte den Neuankömmling in Schwierigkeiten bringen, ihm körperlich weh tun. Dabei spielte es keine Rolle, ob man sich dabei selbst auch weh tat oder den Zorn des Ehegatten heraufbeschwor. Das war die Sache wert. Wenn man nur den Eindringling in den Augen des Partners schlechtmachen konnte. Schlimmer noch, sie wollten auch ihre Partner verletzen, um sie dafür zu bestrafen, daß sie sie in diese mißliche Lage gebracht hatten.
Und als wir dann versuchten, die Ursache für diese »überzogenen« Reaktionen zu finden, mußten wir einräumen, daß sie eigentlich nicht ungewöhnlich waren. Es ist allgemein üblich, den »unvernünftigen« Emotionen anderer Menschen mit Ablehnung, Logik, Rat und Beschwichtigungsversuchen zu begegnen.
Als ich die Gruppenmitglieder fragte, was sie in so einem Fall

von ihrem Partner erwarten würden, kam in wilder Entschlossenheit die einstimmige Antwort. »Ihn rauswerfen!« – »Sie rauswerfen!« Nach schadenfrohem Gelächter kamen dann doch eher ernste Gedanken.

»Wenn mein Mann sie rausgeworfen hätte, nur weil ich es von ihm verlangt habe, würde mir doch mulmig werden. Ich brauch mir bloß vorzustellen, daß er das gleiche eines Tages mit mir machen könnte.«

»Mein Mann müßte mir versichern, daß er mich am meisten liebt und sie ihm überhaupt nichts bedeutet.«

»Ich würde das zwar momentan glauben, aber nach einiger Zeit kämen mir Zweifel, ob er ihr nicht die gleiche Geschichte über mich erzählt.«

»Ja, was muß denn passieren, damit Sie zufrieden sind?« fragte ich.

Eine kurze Pause: Dann:

»Ich möchte die Freiheit haben, alle möglichen Gemeinheiten oder kritischen Worte über die neue Frau sagen zu dürfen, ob sie nun wahr sind oder nicht – und er dürfte sie nicht ein einziges Mal verteidigen oder mich angreifen oder sauer werden.«

»Oder auf die Uhr schauen.«

»Oder den Fernseher einschalten.«

»Für mich wäre die Hauptsache, daß er wirklich versteht, was ich fühle.«

Mir fiel plötzlich auf, daß die meisten Antworten von den Frauen aus der Gruppe kamen. Vielleicht, weil die Übung mehr auf die ›neue Ehefrau‹ und nicht auf den ›neuen Ehemann‹ angelegt war? Oder vielleicht, weil es Frauen in unserer Gesellschaft eher gestattet ist, ihre Gefühle offen zu zeigen?

Ich wandte mich also an die Männer: »Ihre ›Ehefrauen‹ haben gerade ihre Bedürfnisse geschildert. Sie sollen nun diese Bedürfnisse erfüllen. Wie würden Sie reagieren, wenn Ihre Frau sagen würde: ›Ich möchte diese Person nicht mehr im Haus haben. Ich bin sehr unglücklich. Warum kannst du sie nicht wegschicken?‹«

Die Männer schauten mich verständnislos an.

Ich formulierte die Frage um: »Was würden Sie Ihrer Frau jetzt sagen, um ihr zu zeigen, daß Sie verstehen, wie sie empfindet?«

Einige blickten beunruhigt. Schließlich wagte einer den Sprung ins kalte Wasser: »Ich hab nicht gewußt, daß du das so empfindest«, schlug er vor.

Ein anderer faßte sich ein Herz: »Ich hab nicht gewußt, daß es dir so viel ausmacht«, sagte er.

Noch ein Mann wagte sich vor: »Ich fang allmählich an, zu begreifen, wie schwer das alles für dich ist.«

Jetzt wandte ich mich wieder an die Frauen. »Und was würden Sie Ihrem Ehemann sagen, um ihm begreiflich zu machen, daß Sie Verständnis für seine Gefühle dem neuen Ehemann gegenüber haben?«

Jemand hob die Hand. »Es muß sehr schwer für dich sein – ihn immer um dich zu haben.«

Noch eine Hand: »Du kannst dir soviel Zeit nehmen, wie du willst, um mir zu sagen, was dich stört.«

Und schließlich: »Ich möchte wissen, was du empfindest ... weil mir deine Gefühle sehr wichtig sind.«

Ein unüberhörbares Aufatmen. Einige klatschten. Offensichtlich hatten ihnen die Worte gefallen.

Ich wandte mich an den Vater, dem »das Gefühlsgetue« bis obenhin stand. »Wie denken Sie darüber?«

Ein reumütiges Lächeln. »Wahrscheinlich wollen Sie uns damit durch die Blume sagen, was wir für unsere Kinder tun sollten, anstatt ihnen den Mund zu verbieten.«

Ich nickte. »Sogar als Erwachsene, die jetzt nur ein Spiel spielen, spüren wir, wie angenehm es sein kann, jemanden zu haben, dem man seine negativen Gefühle erzählen kann. Kinder sind da nicht anders. Sie müssen die Möglichkeit haben, ihre Gefühle und Wünsche in bezug auf ihre Geschwister frei zu äußern, auch die unschönen.«

»Ja«, sagte er. »Aber Erwachsene haben sich unter Kontrolle. Wenn man Kindern bei diesen Gefühlen freien Lauf läßt, hätte ich Angst, sie würden sie nur noch ausleben.«

»Es ist sehr wichtig, die Grenzen zwischen Gefühlen und entsprechender Handlung abzustecken«, erwiderte ich. »Wir gestatten Kindern, ihre Gefühle auszudrücken. Wir gestatten ihnen nicht, sich gegenseitig weh zu tun. Unsere Aufgabe ist es, ihnen zu zeigen, wie man seinen Ärger ausdrückt, ohne Schaden anzurichten.«

Ich nahm die Unterlagen, die ich für die Arbeitsgruppe kopiert hatte, und sagte, während ich sie austeilte: »Auf diesen Bildern werden Sie sehen, wie man diese Theorie mit kleinen Kindern, älteren Kindern und Teenagern in die Praxis umsetzen kann.«

Nehmen Sie die negativen Gefühle gegenüber Geschwistern an, anstatt sie einfach abzutun.

Anstatt…

fassen Sie die Gefühle in Worte:

Anstatt…

fassen Sie die Gefühle in Worte:

Anstatt…

fassen Sie die Gefühle in Worte:

Lassen Sie Kinder in der Phantasie ausleben, was sie in der Realität nicht dürfen.

Anstatt…

sprechen Sie die Wünsche Ihres Kindes aus:

Anstatt…

sprechen Sie die Wünsche Ihres Kindes aus:

Anstatt…

sprechen Sie die Wünsche Ihres Kindes aus:

Helfen Sie Ihren Kindern, Aggressionen in symbolische oder krea-tive Bahnen zu lenken.

Anstatt…

bringen Sie die Kinder dazu, ihre Gefühle kreativ auszudrücken:

Anstatt…

bringen Sie die Kinder dazu, ihre Gefühle kreativ auszudrücken:

Anstatt…

bringen Sie die Kinder dazu, ihre Gefühle kreativ auszudrücken:

Verhindern Sie, daß die Kinder sich gegenseitig weh tun. Zeigen Sie, wie man angestaute Aggressionen ohne Probleme loswerden kann. Halten Sie sich zurück. Greifen Sie nicht den Angreifer an.

Anstatt…

zeigen Sie ihnen, wie man Ärger anders ausdrücken kann:

Anstatt…

zeigen Sie ihnen, wie man Ärger anders ausdrücken kann:

Anstatt…

zeigen Sie ihnen, wie man Ärger anders ausdrücken kann:

Den Rest des Abends gingen wir die Bilder einzeln durch, diskutierten die Methoden und überlegten, ob sie praktikabel sind.

»Wenn mein Sohn sich wieder bei mir beschwert, daß Großmutter zuviel Zeit mit dem Baby verbringt, sollte ich vielleicht einfach anerkennen, daß er das nicht mag. Oder vielleicht sagen: ›Es wär dir lieber, wenn sie mehr Zeit mit dir verbringt.‹«

»Nächstes Mal, wenn Lori versucht, ihren Bruder zu schlagen, könnte ich ihr vielleicht sagen, sie soll ihre Wut mit Worten, nicht mit den Fäusten ausdrücken.«

Jeder versuchte, sich vorzustellen, wie er die neuen Methoden im Geschwisterzwist zu Hause einsetzen könnte. Ab einem gewissen Punkt fiel mir auf, daß einige Leute schon ganz glasige Augen hatten. Also war es ganz gut, daß unsere Zeit um war.

Als wir unsere Sachen zusammenpackten, machte sich eine gewisse Albernheit breit.

»Wer soll sich denn das alles merken?«

»Ich fühle mich lausig. Ich hab genau das alles gesagt, was ich nicht sagen soll.«

»Das ist mir einfach zuviel. Es wäre viel leichter, die Kinder einmal die Woche zum Therapeuten zu schicken.«

»Einmal die Woche? Bei dem, was bei meinen abläuft, brauchen wir einen rund um die Uhr.«

Beim Zuhören dachte ich: »Das ist das Schlimmste, wenn man in dieser Grauzone ist, in der man zwar weiß, was man falsch macht, aber noch nicht genau weiß, wie man's richtig macht. Kein Wunder, daß sie alle so durcheinander sind.«

Aber weil ich selber einmal in dieser Situation war, wußte ich, daß dieses unangenehme Gefühl vorübergeht. Mit Geduld und Übung und ein bißchen Erfolg würden sie bald selbst sehen, daß sie diese Methoden beherrschen können. Die ersten Schritte hatten sie ja schon gemacht.

Spickzettel

Brüder und Schwestern müssen erfahren, daß ihre Gefühle füreinander ernst genommen werden.

Kind: Ich bring ihn um! Er hat meine neuen Schlittschuhe genommen.

mit Worten, die das Gefühl beim Namen nennen:

»Du klingst ziemlich wütend!«

oder

mit Worten, die die Wünsche ausdrücken:

»Du möchtest, daß er dich fragt, bevor er deine Sachen nimmt.«

oder

mit Vorschlägen für symbolische oder kreative Möglichkeiten:

»Wie wär's, wenn du ein Schild ›Privateigentum‹ an deine Schranktür hängst?«

Kinder müssen daran gehindert werden, Schmerzen zu verursachen.

»Halt! Menschen soll man nicht weh tun!«

Und man muß ihnen zeigen, wie sie gefahrlos ihrem Ärger Luft machen können.

»Sag ihm *mit Worten*, wie böse du bist. Sag ihm: ›Ich will nicht, daß du meine Schlittschuhe benützt, ohne mich zu fragen!‹«

Die Fragen

In der nächsten Sitzung hatten die Leute eine Menge Fragen und wollten sofort erzählen, was bei ihnen zu Hause so vorgefallen war. Hier einige der dabei aufgetauchten Fragen:

Ich habe versucht, meinem Sohn zu zeigen, daß ich seine Aggressionen verstehe. Ich habe sogar gesagt: »Ich weiß, daß du deinen Bruder haßt.« Und gerade das schien ihn noch wütender zu machen. Er brüllte: »Nein, das stimmt nicht!« Was mache ich falsch?

Die meisten Kinder haben im Umgang mit ihren Geschwistern die unterschiedlichsten Gefühle und werden unsicher oder aggressiv, wenn man ihnen sagt, sie würden nur Haß empfinden. Es wäre besser gewesen, zu sagen: »Du bist wohl nicht ganz sicher, was du von deinem Bruder halten sollst. Stimmt's? Manchmal magst du ihn sehr gerne, manchmal macht er dich fuchsteufelswild.«

Aber was macht man mit einem Kind, das einem ständig erzählt, es würde seinen Bruder hassen? Wenn ich antworte: »Man merkt, daß du ihn haßt«, brüllt er zurück. »Und wie ich ihn hasse!« Und ich sage: »Mensch, du haßt ihn aber wirklich«, und er schreit: »Genau, ich hasse ihn.« Und wir treten immer auf der Stelle.

Um dem Kind zu helfen, aus dem Teufelskreis seiner Wut herauszukommen, kann es hilfreich sein, seine Gefühle in einer Sprache auszudrücken, die es ihm ermöglicht, weiter-

zukommen. Jede der folgenden Antworten käme in Frage:
»Man hört, wie sauer du auf David bist.«
»Er muß irgendwas getan haben, was dich wirklich nervt.«
»Er muß etwas gesagt haben, was dich wirklich sauer macht!«
»Möchtest du darüber reden?«

Ich sage zu meiner Dreijährigen: »Schlag deine Schwester nicht. Geh in dein Zimmer, und schlag statt dessen deine Puppe.« Aber sie weigert sich und geht weiter auf das Baby los. Soll ich das trotzdem so versuchen?

Es ist natürlich ein großer Unterschied, ob man ein Kind wegschickt und ihm befiehlt, seine Puppe zu schlagen, oder ein Kind auffordert, seine Gefühle an seiner Puppe zu demonstrieren, während man zuschaut. Man sollte besser sagen: »Ich kann nicht erlauben, daß du dem Baby weh tust. Aber du kannst mir an deiner Puppe zeigen, was du fühlst.«
Die Schlüsselwörter sind: »Zeig mir«. Wenn dann das Kind die Puppe mit dem Zeigefinger bedroht oder drauf rumschlägt, können die Eltern in Worte fassen, was das Kind damit ausdrücken will.
»Du bist aber wirklich böse auf deine Schwester.«
»Manchmal macht sie dich unheimlich wütend.«
»Ich bin froh, daß du mir das gezeigt hast. Wenn du jemals wieder so fühlst, komm zu mir, und erzähl's mir.«

Ich hab versucht, meine Dreijähige dazu zu bringen, mir mit der Puppe zu zeigen, was sie für das Baby empfindet. Aber als sie dann den Kopf der Puppe auf den Fußboden geknallt hat, war mir zwar klar, daß es vielleicht gut für sie war, aber ich habe es nicht ausgehalten, ihr dabei zuzuschauen. Bin ich die einzige, der es so geht?

Bestimmt nicht. Andere Eltern, die ähnliche Reaktionen mit ansehen mußten, fühlten sich entschieden wohler, wenn ihre

Kinder alte Kissen, Fingerfarben oder Stift und Papier als Ausdrucksmittel benutzten:

»Kannst du mir mit einem Bild zeigen, wie du dich fühlst?«

»Ich seh an den schwarzen Zickzacklinien, wie böse du bist!«

»So, wie du das Kissen beutelst, platzt du gleich vor Wut!«

Und wenn kein anderes Material zur Verfügung steht, können wir immer noch Wörter verwenden:

»Ich kann dich nicht das Baby zwicken lassen. Sag mir mit Worten, wie böse du bist. Du kannst ganz laut sagen: ›Ich habe eine Stinkwut!!‹«

Mir ist aufgefallen, daß sich, wenn Verwandte zu Besuch kommen und das Baby hätscheln, mein Fünfjähriger ganz mies fühlt. Später rächt er sich dann an ihr. Gibt es irgendwas, das ich dagegen tun kann?

Wäre es nicht toll, wenn wir diesen wohlmeinenden Leuten einfach einen Knebel in den Mund stopfen könnten? Wenn Sie nicht gerade die Verwandtschaft von vornherein auf das Problem aufmerksam machen wollen, können Sie Ihrem Sohn einiges ersparen, wenn Sie aussprechen, was er wahrscheinlich fühlt:

»Ich wette, es ist ganz schön hart, mit anschauen zu müssen, wie alle um deine Schwester rumturnen mit diesem ewigen ›Ist sie nicht niedlich‹-Getue – auch wenn du weißt, daß sie sich genauso aufgeführt haben, als du noch so klein warst. Wenn es wieder passiert, gib mir ein Zeichen, Zuzwinkern oder so. Und dann zwinkere ich zurück. Dann weißt du, daß ich es weiß. Das ist dann unser Geheimnis.«

Mein Sohn ist anscheinend unfähig, die Sache vom Standpunkt seiner Schwester aus zu sehen. In letzter Zeit hab ich ihn immer gefragt: »Wie würdest du reagieren, wenn sie das mit dir gemacht hätte?« Aber er gibt mir nie eine Antwort. Warum nicht?

Die Frage bringt ihn in Bedrängnis. Wenn er ehrlich antworten wollte, müßte er zugeben, daß es ihm nicht gefallen würde. Wenn Sie wollen, daß Ihr Sohn einen anderen Standpunkt versteht, sagen Sie ein paar einfache Worte, die ihn bestätigen: »Ich bin sicher, du kannst dir vorstellen, wie es wäre, wenn dir das jemand antut.« Jetzt muß er nachdenken: »Kann ich mir das vorstellen? Was für ein Gefühl wäre das?« Aber er muß sich nur vor sich selbst rechtfertigen. Und das genügt schon.

Meine halbwüchsige Tochter meckert ständig über ihren Bruder. Manchmal halt ich es nicht mehr aus. Muß ich mir das jedesmal anhören, wenn sie angelaufen kommt?

Es wird immer wieder Zeiten geben, in denen wir nicht die nötige Bereitschaft aufbringen, zuzuhören. Und es ist für unsere Kinder wichtig, das zu wissen. Sie können Ihrer Tochter sagen: »Ich merke, wie sehr dich dein Bruder aufregt, aber momentan hab ich echte Schwierigkeiten, dir zuzuhören. Wir setzen uns nach dem Abendessen zusammen und reden darüber.«
Eine Mutter, der die ewigen Beschwerden sehr auf die Nerven gingen, kaufte jedem Kind ein Notizbuch. Ein persönliches ›Meckerbuch‹, in das sie schreiben oder zeichnen konnten, wenn sie wütend aufeinander waren. Die Bücher wurden sofort benutzt, und die ständige Lauferei zur Mutter wurde drastisch reduziert.

Die Geschichten

Ich leite nun seit vielen Jahren Gruppen, und trotzdem überrascht es mich immer wieder, wie es Eltern nach ein oder zwei Sitzungen schaffen, nach Hause zu gehen und die Theorie in die Praxis umzusetzen. Und das auf eine Art und Weise, die sehr geschickt und originell ist. Die meisten der folgenden Geschichten sind genau so passiert, wie sie aufgeschrieben oder in der Gruppe erzählt wurden. Einige sind etwas gekürzt. Nur die Namen der Kinder wurden geändert.
Die ersten zwei Geschichten haben uns alle überrascht. Es waren Geschichten über Geschwister, die noch gar nicht auf der Welt waren und schon Probleme schafften.

Ich bin im siebten Monat. Als ich Tara (sie ist fünf) das erste Mal erzählte, daß ich ein Baby bekomme, sagte sie gar nichts. Aber letzte Woche hat sie meinen Bauch angefaßt und gesagt: »Ich hasse das Baby.« Ich war schockiert, aber auch froh, daß sie damit rausgerückt war. Mir war nämlich klar, daß sie gegenüber dem Baby Aggressionen haben mußte, und wenn sie das so einfach erzählte, war es ein Zeichen ihres Vertrauens. Aber obwohl ich darauf vorbereitet war, ja, es praktisch erwartet hatte, schlug es doch ein wie eine kleine Bombe.
Ich sagte: »Tara, ich bin froh, daß du mir das erzählt hast. Glaubst du denn vielleicht, daß Mami mit einem neuen Baby keine Zeit mehr für dich hat?« Sie nickte. Ich sagte: »Wenn dir wieder so zumute ist, kommst du zu mir und sagst es mir, und dann hab ich Zeit für dich.«
Die Bombe war entschärft, und seitdem hat sie es nicht mehr erwähnt.

———

Als meine Frau und ich Michael, der jetzt sechs Jahre alt ist, das erste Mal sagten, seine Mutter wäre schwanger, war er sehr aufgeregt. Dann überlegte er kurz und sagte: »Ohne mich.« In dieser Nacht hat er das erste Mal ins Bett gemacht.

Nachdem seine Schwester geboren war, zeigte er sich ihr gegenüber nicht feindselig. Er war sogar sehr nett zu ihr – trug sie auf dem Arm, beobachtete und beschützte sie. Aber seine Mutter bekam eine Menge ab. Er versuchte, sie zu treten und zu schlagen. Sie unterband das. Sie sagte: »Ich laß mir von dir nicht weh tun!« Dann fing Michael an, alles im Haus vollzuschmieren, mit Zahnpasta und Creme zum Beispiel. Und dann bekamen wir auch noch einen Anruf von seiner Lehrerin. Sie sagte, er würde nicht mehr zuhören und wäre unkonzentriert.

Kay und ich unterhielten uns darüber, und wir kamen zu dem Schluß, daß er sich so verhielt, weil wir ihm nie die Möglichkeit gegeben hatten, seinen Gefühlen freien Lauf zu lassen. Ich begann, ihm einige Sachen zu sagen, die wir in der Gruppe besprochen hatten, wie zum Beispiel: »Das kann dich ganz schön sauer machen, wenn Mami sich dauernd mit dem Baby beschäftigt – es füttert und ihm die Windeln wechselt.« Und Kay sagte ihm: »Manchmal, wenn eine Mami ein Baby hat, glauben ihre anderen Kinder, ihre Mami liebt sie nicht mehr. Wenn du dich jemals so fühlst, dann komm gleich zu mir, und sag es mir. Dann kriegst du einen dicken Kuß.« Wir wechseln uns auch ab, um mit ihm alleine zu sein – ohne Baby.

Es hat wirklich geholfen. Sein Benehmen zu Hause ist viel besser. Und beim Tag der Offenen Tür in der Schule hat die Lehrerin gesagt: »Es ist nicht zu fassen. Ich weiß nicht, was mit Michael passiert ist. Er ist jetzt einer meiner besten Schüler. Er liest am besten in seiner Gruppe.«

Die nächste Geschichte zeigt, wie eine Mutter versucht, die neuen Methoden bei ihrem zehnjährigen Sohn Hal anzuwenden. Irgendwie schafft sie es, seine Gefühle anzuerkennen, obwohl das, was er sagt, sie ärgert.

Ein paar Tage nach der Arbeitsgruppe letzte Woche sind die Kinder sehr spät aus der Schule nach Hause gekommen. So spät, daß ich schon losgegangen war, um sie zu suchen. Dann sah ich meinen sechsjährigen Timmy hemmungslos weinend die Straße entlangkommen. Und sein zehnjähriger Bruder Hal ging ein Stück hinter ihm.

Ich lief zu Timmy. Der schluchzte, Hal hätte ihn geschlagen, zu Boden geworfen und getreten.

Ich sah rot. Ich wollte Hal schlagen, hielt mich aber zurück. Statt dessen nahm ich Timmy in die Arme und versuchte, ihn zu trösten, so gut es ging. Als er sich schließlich beruhigt hatte, gab ich ihm was zu essen, und er ging raus zum Spielen.

Hal beobachtete das alles im Hintergrund. Als Timmy gegangen war, sagte er: »Wann hörst du dir meine Version der Geschichte an?« Ich sagte: »Jetzt.« Dann erzählte er, drei Kinder im Bus hätten gedroht, ihn zu verhauen. Er habe seine Schultasche fallen lassen und sei in den Wald geflüchtet. Und als er sich dann wieder aus dem Wald herausgetraut habe, habe er gesehen, daß Timmy seine Tasche genommen hatte. Dazu habe er kein Recht gehabt. Und deswegen sei er verhauen worden. Timmy habe es »herausgefordert«.

Hal hatte Glück, daß ich in der Arbeitsgruppe war. Ich zwang mich, zu sagen: »Du glaubst also, weil Timmy deine Schultasche nach Hause getragen hat, hast du ein Recht, ihn zu schlagen?«

»Genau!« schrie er. »Es war meine Tasche!«

Ich wußte nicht, was ich jetzt machen sollte. Also ging ich in die Küche, um das Abendessen vorzubereiten. Nach einiger Zeit kam Hal hinterher und stellte sich stumm neben mich. Ich schaute hoch, und er sagte ganz leise: »Ich möchte was sagen. Aber ich kann nicht.«

Ich sagte ihm, ich wäre bereit, zuzuhören. Vor mir stand ein stummes Häufchen Elend. Ich fragte: »Könntest du es schreiben?«

Er holte ein Stück Papier und schrieb: »Ich glaube, ich hab Timmy zu fest geschlagen.«

Ich sagte bloß: »Oh.«
Er stand da und schaute unglücklich drein. Ich sagte: »Das
macht dir wirklich zu schaffen.«
Er nickte. Dann brach alles aus ihm heraus. Er wäre sauer...
die anderen Kinder hätten ihm wirklich angst gemacht... und
schließlich: »Weißt du, Mami, wenn die Kinder nicht dauernd
auf mir rumgehackt hätten, hätte ich Timmy auch nicht ge-
schlagen.«
Ich sagte: »Ich verstehe.« Den Rest des Abends gab sich Hal
viel Mühe, nett zu Timmy zu sein.

Ein Vater hatte eine höchst originelle Idee, wie er seiner
Tochter den Haß auf ihren Bruder nehmen konnte. Er hat
nicht nur ihre Gefühle »in Worte« gefaßt, er brachte sie sogar
zu Papier.

Gestern abend hat sich Jil bei mir bitterlich über ihren Bruder
beschwert. Ich versuchte, ihr zu sagen, ich würde das verste-
hen, aber sie war so in Fahrt, daß sie mich nicht einmal hörte.
Schließlich nahm ich einen Bleistift und versuchte aufzuschrei-
ben, was sie sagte:
1. *Jil mag es nicht, wenn Mark ihre Telefongespräche von ei-*
   nem anderen Hausapparat aus belauscht.
2. *Sie haßt es, wenn er bei Tisch schmatzt und mit den Zähnen*
   über die Gabel schrammt. Macht sie total fertig.
3. *Findet, er hat kein Recht, ohne anzuklopfen in ihr Zimmer*
   zu kommen. Findet besonders schlimm, wenn sie ihn an-
   brüllt, er soll verschwinden, und er dann nur lacht.
Als sie Luft holte, las ich ihr alles vor. Sie war ganz gebannt
von ihren eigenen Worten. Ich fragte sie, ob es da noch etwas
gäbe. Gab es. Ich schrieb mir noch zwei weitere Sachen auf, die
ihr am Herzen lagen.
Dann sagte ich: »Mark ist eigentlich derjenige, der die Liste se-
hen sollte. Aber ich glaube, es wäre für jeden zuviel, wenn man

ihm fünf Sachen auf einmal vorwirft. Kannst du mir ein oder
zwei Sachen davon sagen, die dich am meisten stören?«
Sie las die Liste durch, strich zwei Punkte an und steckte das
Papier in die Tasche.
Ich habe keine Ahnung, was danach passiert ist. Ich möchte
gerne fragen, aber ich glaube, ich halte mich da besser raus.

Im Zuge ihrer neuen Experimentierfreudigkeit wollten einige
Eltern herausbekommen, was passieren würde, wenn sie die
Phantasievorstellungen ihrer Kinder zuließen. Das Ergebnis
war in einigen Fällen überraschend.

Roy (fünf Jahre) kam weinend mit einem langen Klagelied zu
mir. Billy habe ihm dies angetan und das angetan und ihn aus
dem Zimmer geworfen und ihn Nervensäge genannt.
MUTTER: *Das muß dich aber sehr verletzt haben. Dir wäre lie-*
ber, wenn er dir auf nette Weise sagt, daß er allein sein will.
ROY: *(sagt nichts, aber hört auf, zu weinen.)*
MUTTER: *Du möchtest, daß er sagt: »Komm rein, Roy. Wir*
spielen!«
ROY: *Ja. Und mich mit seinem Teleskop spielen läßt.*
MUTTER: *Solange du möchtest.*
ROY: *Und er soll mir ein paar von seinen Stickern geben. Ich*
würde das auch machen, wenn ich einen kleinen Bruder hätte.
MUTTER: *Du weißt genau, was du für ein großer Bruder wärst.*
ROY: *Ja! (und – einer plötzlichen Eingebung folgend:) Du mußt*
ein Baby kriegen!
Darauf fiel mir nichts mehr ein.

Eines der Probleme, das mit dem Erlernen dieser neuen Methoden Hand in Hand ging, war der Druck, dem sich die Eltern selbst aussetzten, um auch ja immer alles »richtig zu machen« oder »richtig zu sagen«. Glücklicherweise entdeckten

sie bald, daß man bei Kindern immer eine zweite Chance bekommt. Im folgenden Beispiel sehen Sie, wie ein Vater mitten in einer scharfen Auseinandersetzung die Taktik änderte.

Der Geburtstag von Liz, an dem sie acht Jahre alt wurde, stimmte Paul, den Elfjährigen, verdrießlich und aggressiv. Er weigerte sich strikt, ihr zu helfen. Als seine Mutter ihn bat, seine eigenen Sachen aufzuheben, die im Keller, wo die Party stattfinden sollte, herumlagen, sagte er: »Laß mich in Ruhe!« *Ich war so wütend, daß ich ihn in sein Zimmer verbannte. Er ging und schlug die Tür mit aller Macht hinter sich zu.*
Wie konnte er sich nur so kindisch benehmen? Er war schließlich schon elf. Dann kam mir der Gedanke, daß ihm vielleicht sogar in seinem Alter der Trubel und die Vorbereitungen für Liz auf die Nerven gingen. Als ich dann schließlich in sein Zimmer kam, hatte ich schon mehr Verständnis für seine schlechte Laune.
Ich sagte: »Ich glaube, es nervt ganz schön, wenn man eine Woche lang nichts anderes hört als: ›Party, Party, Party‹. Besonders, wenn es noch so lange bis zum eigenen Geburtstag ist.«
»Fünf Monate«, *sagte er zornig.*
Ich sagte: »Ich glaube, es sind sogar sechs.«
Er zählte an den Fingern ab: »April, Mai, Juni, Juli, September.«
»Und was ist mit August?« *fragte ich.*
»O nein! Ich hab den August vergessen. Der doofe August! Dann ist es ja noch länger!«
Ich sagte: »Ich wette, du würdest den Oktober am liebsten auf nächsten Monat verlegen. Dann könntest du jetzt schon anfangen, deine Party zu planen.«
Zum ersten Mal an diesem Tag lächelte er. Wir redeten noch ein bißchen drüber, und dann ging ich.
Ein paar Minuten später stand er pfeifend im Keller und machte dort für Liz' Party sauber.

Die Vorstellung, Kinder ihre negativen Gefühle füreinander kreativ ausdrücken zu lassen, setzte sich in der Gruppe nur langsam durch. Eine Frau erzählte, sie hätte ein paarmal versucht, ihre Kinder dazu zu bringen, zu schreiben oder zu zeichnen, aber sie hätten sich geweigert. Dann wies jemand darauf hin, Kinder würden dazu neigen, ihre Eltern nachzuahmen. Wenn sie also das nächste Mal wütend auf jemand wäre, sollte sie sich vor den Kindern hinsetzen und zeichnen oder schreiben. Sie hörte zwar höflich zu, schaute aber sehr skeptisch. Trotzdem berichtete sie in der nächsten Sitzung, was passiert war, als sie den Vorschlag in die Tat umsetzte.

Am Morgen nach unserer letzten Sitzung gab mein Fernseher den Geist auf. Ich rief den Mechaniker aus der Nachbarschaft an, der auch gleich kam. Er brauchte nicht einmal zehn Sekunden, um festzustellen, wo das Problem lag. Der Stecker war nicht fest in der Steckdose. Er drückte ihn fest rein, und das Bild war da. Ich kam mir vor wie ein Idiot.
Dann schrieb er mir eine Rechnung mit Anfahrt und einer vollen Arbeitsstunde! Ich versuchte ihn herunterzuhandeln, aber auf diesem Ohr war er taub. An der Tür rief er noch: »Nehmen Sie's nicht so schwer. Ist die Sache nicht wert!«
Ich wollte ihm schon etwas Unflätiges nachrufen, aber die Kinder standen da und beobachteten mich. Ich nahm mir ein großes Blatt Papier und schrieb:

> *Ich bin WÜTEND!!!*
> *Ich hasse den Mann. Er ist ein Gauner.*
> *Ein mieser Betrüger.*
> *Der kommt mir nicht mehr ins Haus.*
> *Das werd ich allen Nachbarn erzählen.*

Dann zeichnete ich ein »häßliches« Bild von ihm, mit heraushängender Zunge und Dollarzeichen als Augen.
Mir ging's schon besser. Ich mußte über mein »Charakterbild« lachen. Als mein Mann nach Hause kam, konnten es die Kinder kaum erwarten, ihm zu erzählen, was passiert war.

Zuerst hat er sich aufgeregt, aber als er das Bild sah, mußte er auch lachen.

So ging es los. Seitdem zeichnen und schreiben meine Kinder ununterbrochen. Das hier hat mein neun Jahre alter Sohn über seinen älteren Bruder zusammengeschrieben:

Alex seine Fehler

1. Blödheit
2. Dumheit
3. Idioterie
4. Geistiger Zurückgebliebener
5. Sticheler
6. Gemain
7. Faulheit
8. Verquär
9. Komisch
10. Nul Duschblik

Daraus Folgt

Wenn du Alex triffst wirst du ihn so fort HASSEN

Diese Information ist verdraulich

Der Gehaimdienst

Die folgende Zeichnung wurde mir eines Morgens von meiner Tochter überreicht. Sie sagte: »Alex hat mir meinen roten Stift mit Absicht kaputtgemacht. Das Bild zeigt, wie sauer ich bin!«

Zwei Eltern in unserer Gruppe hatten ein besonders schwieriges Problem zu bewältigen. Beide hatten ein Kind, das sein jüngeres Geschwisterchen tätlich angriff und verletzte. Und obwohl die Eltern sich sehr bemühten, die neuen Methoden insgesamt einzusetzen, benutzten sie vor allem die eine, nämlich: »Sag es mit *Worten!*«

Die Worte, die dabei herauskamen, waren brutal und manchmal sogar schockierend für die Eltern. Aber die Handgreiflichkeiten wurden drastisch reduziert.

Ich hörte die Kinder in Christines Zimmer streiten. Die Stimmen wurden immer lauter. Dann stürmte Hans aus dem Zimmer und ging in seins.

Er kam zurück und sagte zu Christine: »Weißt du, wie wütend ich auf dich bin? Ich bin so wütend, daß ich am liebsten Löcher in dich stechen täte. Genauso, wie ich dieses Papier hier durchlöchere.« (Ich hörte, wie der Stift durch das Papier gestochen wurde.) »Ich mach's nicht mit dir. Aber es wär einfach toll, wenn du das Stück Papier wärst!«

Das ist ein phantastischer Fortschritt in seinem Verhalten. Vor zwei Wochen hätte er ihr wirklich noch weh getan.

———

Lori, sieben Jahre alt, hat ihre Launen nicht unter Kontrolle. Ihr Bruder braucht sie nur schief anzuschauen, dann schlägt sie schon zu.

Gestern fuhr ich gerade mit 80 Stundenkilometern auf dem Ring, als sie schon wieder anfing.

LORI: *(kreischt) Jason hat mir mit seinem Windrad ins Auge gestochen!*

JASON: *Hab ich nicht!*

LORI: *Er lügt!*

JASON: *Ich hab's nicht mit Absicht gemacht. Ich wollt's bloß kreiseln lassen.*

Im Rückspiegel sah ich, wie Lori die Faust hob.
ICH: *Lori, hör mal, das hat sicher weh getan! Ein Stich ins Auge tut sehr weh, auch wenn's ein Versehen war. Da wird man sauer. Sag Jason, was du fühlst!*
Lori warf ihm alle möglichen Schimpfwörter an den Kopf, aber wenigstens schlug sie nicht zu. Ich war baß erstaunt.

Einige Eltern waren zwar sehr beeindruckt von den Fortschritten dieser Kinder, aber es machte ihnen zu schaffen, wenn ein Kind das andere so massiv bedrohte. Wir diskutierten darüber und kamen zu dem Schluß: Mit gutem Beispiel voranzugehen ist die beste Methode, ein Kind dazu zu bringen, beim Streiten nicht mit Schimpfwörtern um sich zu werfen. Wenn wir von unseren Kindern erwarten, daß sie Alternativen zu Schlägen und Flüchen finden, müssen wir selber Alternativen finden. Ein Vater machte folgendes:

Ich habe drei halbwüchsige Töchter, und wir alle gebrauchen viele Schimpfwörter. Meine Frau und ich beschimpfen sie, und sie beschimpfen sich gegenseitig. Nach der Sitzung letzte Woche ist uns klargeworden, daß wir damit aufhören müssen. Neulich abends stritten zwei der Mädchen wegen einem Eis. Und eine sagte: »Du Schwein...«
Ich sagte: »Moment mal. Mutter und ich haben uns etwas ausgedacht. Kommt mal alle her, dann reden wir darüber.«
Als wir uns alle hingesetzt hatten, sagte ich: »Diese Flucherei tut uns allen sehr weh. Das muß ein Ende haben. Und zwar ein für allemal.«
Die Reaktion war nicht gerade überwältigend: »Okay, Papi, in Ordnung... wir hören damit auf.« Das Gute ist, wir machen tatsächlich Fortschritte. Wenn sie nämlich jetzt zu streiten anfangen und eine sagt: »Raus aus meinem Zimmer, du widerliche Kuh«, kann ich wenigstens reingehen und sagen: »He, wir

haben doch ausgemacht: keine Schimpfwörter mehr. Ich sag keine und ihr auch nicht. Erzählt mal, was los ist.« Und eh man sich versieht, wird miteinander geredet.

Und sie machen das gleiche mit mir, wenn mir der Kragen platzt. Sie sagen: »Papi, ich dachte, wir fluchen nicht mehr.« Und ich sage: »Du hast recht... tut mir leid, ich war sauer, weil... ich mag es nicht, wenn...«

Es ist vielleicht nur eine Kleinigkeit, aber die Wirkung ist gewaltig.

Die nächste Geschichte kam von einer Mutter, die ihrem Fünfjährigen immer eine Ohrfeige gegeben hatte, wenn er das Baby ärgerte. Diesmal versuchte sie es anders.

Ich hatte einen schrecklichen Morgen mit zwei quengeligen Kindern hinter mir. Ich kam vom Einkaufen nach Hause zurück und war froh, daß das Baby endlich im Auto eingeschlafen war. So hatte ich wenigstens genug Zeit, das Auto auszuräumen, bevor ich ihm das Fläschchen geben mußte. Während ich die Lebensmittel verstaute, jammerte und quengelte Philip ununterbrochen. Ich sagte ihm, er solle rausgehen und schauen, ob bei Katie alles in Ordnung sei. Er blieb so lange weg, daß ich rausging, um nachzuschauen. Das Baby weinte, und Philip wedelte ihm mit der Rassel vor der Nase herum. Ich fragte ihn, ob er Katie aufgeweckt habe, und er sagte ja. Er war einfach verärgert, weil sie so lange schlief.

Ich mußte mich sehr am Riemen reißen, um ihm nicht eine runterzuhauen. Statt dessen schlug ich auf den Autositz und schrie, wie wütend ich sei. Dann nahm ich das Baby und trug es ins Haus.

Philip wollte nicht reinkommen. Als selbstauferlegte Strafe sperrte er sich ins Auto ein. Ich dachte: »Gut, soll er nur da hocken!«

Etwa zehn Minuten später kam er ins Haus und erzählte mir,

wie sehr er sich selbst hasse. Ich hatte mich inzwischen beru-
higt.
»Ich glaube, wir haben da ein Problem«, sagte ich. »Laß uns
darüber reden.« Wir setzten uns zusammen an den Küchen-
tisch. »Manchmal magst du das Baby und manchmal macht es
dich sehr, sehr wütend.«
Er nickte.
»Jetzt überlegen wir mal, was wir dagegen tun können.«
Und bevor ich etwas sagen konnte, platzte es aus ihm heraus:
»Immer, wenn ich böse bin, mußt du Katie wegsperren, weil
ich meine Wut sonst an ihr auslasse.«
Ich war ganz erstaunt, wie gut er seine Gefühle kannte. Ich
hatte nicht gewußt, daß ein Fünfjähriger sie so gut ausdrücken
kann. Seither konnten wir viel Ärger umgehen. Wenn er
schlechte Laune hat, fragt er mich, ob er sich im Auto woan-
dershin setzen darf. Oder wenn Katie ihn ärgert, schlage ich
ihm vor, in einem anderen Zimmer zu spielen.

Die letzte Geschichte wurde von einer Frau erzählt, die sonst
während unserer Sitzungen nur schweigend dasaß. Kaum
hatte ich sie gehört, mußte ich an den Lieblingsspruch der
Psychologin Dorothy Baruch denken: Die schlechten Gefühle müssen raus, sonst können die guten nicht rein.

Seit längerem spürte ich, daß Melissa (sieben Jahre) ein biß-
chen eifersüchtig auf ihre dreijähige Schwester war. Nicht, daß
sie gemein zu ihr wäre. Sie schlägt sie nicht oder so was. Irgend-
wie behandelt sie sie nur wie Luft. Aber bei Melissa weiß man
nicht, woran man ist. Sie redet nicht über ihre Probleme. Sie ist
mir sehr ähnlich. Auf jeden Fall, nach der Sitzung letzte Woche
bat ich, als die Kleine gerade ein Schläfchen machte, Melissa,
sich neben mich auf die Couch zu setzen. Ich nahm sie in die
Arme und sagte: »Ich bin froh, daß wir zwei mal allein sind.
Ich hab schon so lange nicht mehr mit dir allein geredet. Ich

*hab nachgedacht... Manchmal muß eine kleine Schwester ein
ganz schöner Klotz am Bein sein. Du mußt alles mit ihr teilen:
dein Zimmer, dein Spielzeug – ja, sogar deine Mutter.«
Es war, als wäre ein Damm gebrochen. Sie konnte gar nicht
aufhören zu reden, und ich traute meinen Ohren nicht, was ich
da alles zu hören bekam. Sie sagte so fürchterliche Sachen. Wie
sehr sie sie haßte! Daß sie sich manchmal wünschte, sie wäre
tot. Mir wurde ganz schlecht. Gott sei Dank klingelte das Telefon. Ich weiß nicht, wie lange ich das noch ertragen hätte.
Als ich an diesem Abend noch mal nach den Kindern schaute,
traute ich meinen Augen kaum. Die beiden schliefen Arm in
Arm in einem Bett!*

Nachdem alle Geschichten erzählt oder vorgelesen waren,
schauten wir uns ziemlich verwundert an. Wir waren von diesem seltsamen Fortschritt verblüfft. Was für ein merkwürdi-
ges Paradox:

**Gute Beziehungen zwischen den Kindern erzwingen zu wol-
len führt dazu, schlechte Gefühle freizusetzen.
Schlechte Gefühle zuzulassen führt dazu, gute Gefühle freizusetzen.**

Also Geschwisterharmonie auf Umwegen. Und doch ist es
der direkte Weg.

3.
Problematisches Vergleichen

Bis jetzt hatten wir nur über die heftigen Konkurrenzgefühle gesprochen, die Kinder von ganz alleine, also ohne das Zutun von Erwachsenen, gegenüber ihren Geschwistern haben. Zu Beginn unserer dritten Sitzung fragte ich die Gruppenmitglieder, ob sie ein Beispiel nennen könnten, wie wir Erwachsenen diesen Konkurrenzkampf noch verstärken.

Jemand rief: »Wir vergleichen!«

Niemand widersprach. Alle waren sich einig, daß das Vergleichen auf jeden Fall die Rivalität »anheizt«. Trotzdem interessierte es mich, herauszufinden, was für Gefühle das auslöste, und zwar beim Kind selbst.

»Sie werden jetzt meine Kinder sein«, sagte ich, »und mir Ihre spontanen Reaktionen auf die folgenden Vergleiche sagen:

›Lisa hat so gute Tischmanieren. Die würde nie mit den Fingern essen.‹

›Wie kannst du nur immer alles auf den letzten Drücker machen? Dein Bruder ist mit seinen Arbeiten immer schon vor der Zeit fertig.‹

›Warum schaust du nicht mehr auf dich? Gary zum Beispiel sieht immer so ordentlich aus – die Haare geschnitten, das Hemd in der Hose. Es ist eine Freude, ihn anzuschauen.‹«

Die Reaktion kam sofort.

»Ich werd Gary noch mal in den Dreck schmeißen!«

»Ich find Gary zum Kotzen.«

»Alle magst du lieber als mich.«

»Nichts kann ich dir recht machen.«

»An mir paßt dir auch gar nichts.«

»Ich werd nie so werden, wie du mich haben willst. Warum soll ich es dann überhaupt versuchen?«

»Wenn ich schon nicht der Größte im Guten sein kann, dann wenigstens im Schlechten.«

Die Heftigkeit ihrer Wut und Verzweiflung verblüfften mich. Besonders die letzte Bemerkung erschütterte mich. Gibt es wirklich Kinder, die sich bemühen, besonders unartig zu sein, weil sie nun einmal nicht besonders brav sein können?

Einige Leute bestätigten das gleich mit eigenen Erfahrungen. Dann erwähnte jemand den ehemaligen Präsidenten Jimmy Carter und seinen ewig rebellischen Bruder Billy. Wir lachten alle bei dem Gedanken an seine Kapriolen. Billy war wirklich ein gutes Beispiel dafür.

Eine Frau schüttelte den Kopf. »Es muß nicht immer so sein«, sagte sie. »Manche Kinder haben nicht so viel Kampfgeist. Sie geben auf. Meine Mutter gab mir auf jede erdenkliche Art und Weise zu verstehen, wie toll meine Schwester Dorothy ist und was für ein armes Würstchen ich im Vergleich zu ihr bin. Deshalb fragte ich mich immer, warum sie mich überhaupt gekriegt hatte. Meine größte Leistung war, daß ich von beiden weit genug weggezogen bin – von meiner Mutter und von meiner Schwester.

Ich fürchte mich immer noch vor den Feiertagen, weil meine Mutter immer noch großen Einfluß auf mich hat. Kaum sieht sie mich, geht es auch schon los: ›Deine Haare schaun ein bißchen stumpf aus, meine Liebe. Du solltest sie dir vielleicht ein bißchen tönen, so wie Dorothy... Wie machen sich denn Jennifer und Allen in der Schule? Dorothys Kinder haben lauter Einser... Dorothy hat gerade einen neuen Job mit einem phantastischen Gehalt gekriegt. Deine Schwester ist ein richtiger Erfolgsmensch!‹ Ich brauche Wochen, um mich von diesen Besuchen zu erholen.«

Ein mitfühlendes Murmeln ging durch den Raum. »Mein Vater hat immer meine zwei älteren Brüder miteinander verglichen«, sagte ein Mann düster. »Vater starb, als sie noch Teenager waren, aber meine Brüder haben einfach da weitergemacht, wo mein Vater aufgehört hat. Es ist unglaublich. Der eine ist jetzt 43, der andere 47. Irgendwie wissen sie schon, daß das, was sie tun, lächerlich ist, aber sie können auch nicht aufhören. Sie wetteifern sogar mit ihrem Nierenleiden: Wer kränker ist. Wer es schlimmer hat. Wer mehr Behandlung braucht. Welche Behandlungsmethode die richtige ist. Beide sind Dialyse-Patienten, und jeder versucht zu beweisen, daß seine Behandlung besser ist. Erwachsene Männer!«

»Gehen wir da nicht etwas zu weit«, sagte eine Frau. »Das sind alles sehr extreme Beispiele. Ich vergleiche meine Jungs ab und zu, aber ich kann mir nicht vorstellen, daß es ihnen auf Dauer schadet.«

Die Gruppe schaute mich an.

Ich schaute die Frau an.

»In welcher Situation vergleichen Sie?« fragte ich.

»Ich mach es nicht immer«, versuchte sie, sich zu verteidigen.

»Wann zum Beispiel?« hakte ich nach.

Sie überlegte: »Ich bin mir nicht mal sicher, ob man es vergleichen nennen kann. Ich will sie eher motivieren. Zum Beispiel sag ich zu Zachary: ›Alex macht seine Hausaufgaben immer gleich am Abend. Papi und ich müssen nicht immer an ihm rumnörgeln.‹ Ich würde nie sagen: ›Warum kannst du nicht sein wie Alex?‹«

Die Frau, die gerade über ihre »Superschwester« Dorothy gesprochen hatte, mischte sich sofort ein: »Das müssen Sie auch nicht«, sagte sie heftig. »Sie können sicher sein, daß Zachary sehr wohl kapiert, was Sie meinen. Daß sein Bruder richtig handelt und er FALSCH.«

»Aber ich halte ihm nicht immer Alex als leuchtendes Beispiel vor die Nase«, protestierte die Frau. »Manchmal lobe ich Zachary und sage ihm, daß er einige Sachen viel besser macht als Alex. Ich sag ihm zum Beispiel, daß er viel geschickter sei als sein Bruder, daß Alex zwei linke Hände habe.«

»Das ist genauso schlecht!« schimpfte Dorothys Schwester. »Genau das hat meine Mutter mit mir gemacht. Ich weiß noch, wie sie mir mal gesagt hat, ich wäre *ordentlicher* als Dorothy. Momentan war das ein tolles Gefühl. Aber dann fingen die Zweifel erst recht an. Kann ich das durchstehen? Und was wird passieren, wenn Dorothy je *ordentlich* wird? Was wird mir dann bleiben? Meine Mutter hat sicherlich geglaubt, das würde mich aufbauen. Aber sie hat den Konkurrenzkampf nur angeheizt.« Sie zögerte kurz, als ob sie nicht wisse, ob sie weitermachen soll oder nicht. »Das hat dann auch mein Verhältnis zu allen anderen Leuten geprägt«, fügte sie hinzu. »Es hat mich ein Jahr Therapie gekostet, um herauszufinden, daß ich mir selbst als Erwachsene immer noch das antat, was meine Mutter mir angetan hat. Und daß ich mich selbst unglücklich machte, weil ich mich ständig mit anderen Leuten verglich. Es war so dumm. Man braucht sich nur umzuschauen. Man findet immer jemanden, der etwas besser macht als man selbst. Mein Therapeut hatte ein wunderschönes Zitat dafür: ›Vergleichen Sie sich nie mit anderen. Entweder Sie werden eitel oder verbittert.‹ Jedenfalls kann ich aufgrund meiner Erfahrung eins sagen: Vermeiden Sie Vergleiche! Sie machen nur unglücklich.«

Die Frau, die ihr Recht auf Vergleichen verteidigt hatte, wurde zusehends unsicherer. Sie hatte den soeben gehörten Argumenten nichts entgegenzusetzen. Die andere Frau hatte das alles erlitten und wußte, wovon sie sprach.

»Es ist seltsam«, sagte ich, »als meine Kinder klein waren, hab ich mir geschworen, ich würde sie nie vergleichen. Aber ich hab es trotzdem gemacht – immer und immer wieder.«

Die Leute schienen sehr überrascht.

»Ich hörte mich selbst Sachen sagen«, fuhr ich fort, »und konnte nicht fassen, daß ich es war, die da redete. Schließlich hab ich rausgefunden, woran das lag. Ich verglich sie, wenn ich vor Wut platzte (›Immer müssen alle auf dich warten! Dein Bruder war doch auch schon vor zehn Minuten im Auto!‹). Ich verglich sie auch, wenn ich vor Freude platzte (›Das ist ja toll. Dein großer Bruder macht schon über eine Stunde dran rum, und du brauchst nur zwei Minuten dazu!‹). Bei beiden Versionen gab es dann Ärger.

Und so bin ich endlich aus dem alten Trott herausgekommen:

Immer wenn ich versucht war, ein Kind mit dem anderen zu vergleichen, sagte ich mir ›STOP! TU'S NICHT!‹ Egal, was du diesem Kind sagen willst, du kannst es ihm direkt sagen, ohne seinen Bruder hineinzuziehen. Das Schlüsselwort ist *beschreiben*. Beschreiben Sie, was Sie sehen. Oder beschreiben Sie, was Sie mögen. Oder beschreiben Sie, was Sie nicht mögen. Oder beschreiben Sie, was gemacht werden muß. Wichtig ist nur, sich allein mit dem Verhalten des einen Kindes zu beschäftigen. Was der Bruder tut oder nicht tut, hat nichts damit zu tun.«

Ich verteilte in der Gruppe die folgenden Illustrationen, um den Unterschied zu zeigen.

Vermeiden Sie unvorteilhafte Vergleiche

Anstatt…

beschreiben Sie das Problem:

Anstatt…

beschreiben Sie das Problem:

Anstatt…

beschreiben Sie das Problem:

Vermeiden Sie vorteilhafte Vergleiche

Anstatt…

beschreiben Sie, was Sie sehen oder fühlen:

Anstatt…

beschreiben Sie, was Sie sehen oder fühlen:

Anstatt…

beschreiben Sie, was Sie sehen oder fühlen:

Es gab viele spontane Kommentare, als wir die Zeichnungen zusammen durchgingen. Die meisten bezogen sich auf die Erkenntnis, daß sogar schmeichelhafte Vergleiche schlecht sein können. Verschiedene Leute sagten, sie würden verstehen, wie diese Art »Lob« ein Kind motivieren kann, das andere runterzumachen. Ich wollte schon zum nächsten Thema übergehen, als ich merkte, daß einige Leute etwas unzufrieden dreinschauten.

»Irgend etwas scheint Sie zu stören«, sagte ich.

Wie sich herausstellte, störte sie eine ganze Menge. Ich versuchte, auf ihre Bedenken einzugehen.

»Wir leben in einer Wettbewerbsgesellschaft. Braucht ein Kind da nicht den Wettbewerb zu Hause, damit es sich im Leben behaupten kann?«

»Wenn Sie mit ›sich behaupten‹ meinen, daß man sich gut zurecht findet, selbstsicher wird und seine Ziele erreicht – all das kann man auch in einer Umgebung lernen, die Zusammenarbeit fördert. Das Beste daran, in einem Klima des Miteinander aufzuwachsen, ist für mich, daß es zu mehr Achtung vor anderen und zu mehr Selbstvertrauen führt.«

»Aber gibt es denn nichts, was für den Wettbewerb spricht?«

»Doch. Es kann auch ein Ansporn sein, aber es hat seinen Preis. Untersuchungen in Schulen und im Berufsleben haben gezeigt, daß die Menschen, wenn der Wettbewerb zu heftig wird, dazu neigen, Krankheitssymptome zu entwickeln, zum Beispiel Kopfschmerzen, Magenschmerzen und Rückenschmerzen. Und auch psychische Symptome: Sie werden ängstlicher, mißtrauischer und feindseliger. Es wäre gut, wenn unser Zuhause ohne diese Art von Streß bliebe.«

»Ich vergleiche nie, aber ich brauche meiner Tochter nur etwas Nettes über meinen Sohn zu erzählen, und schon reagiert sie, als hätte ich sie verglichen. Sie sagt dann immer: ›Du denkst, er ist besser als ich.‹ Ich versteh sie einfach nicht.«

»Kinder empfinden ein Lob für Bruder oder Schwester oft als Tadel an sich selbst. Sie übersetzen sofort: ›Dein Bruder ist so rücksichtsvoll‹ in: ›Mami meint, ich bin es nicht.‹ Es wäre

vielleicht gut, Lob nur dem betroffenen Kind gegenüber aus-
zusprechen.«

»Aber was kann man machen, wenn ein Kind erzählt, es hätte
etwas ganz Besonderes gemacht, und alle anderen stehen
drum rum und hören zu?«

»Das ist eine harte Nuß. Wir wollen ja das Kind, das so begeistert von seiner eigenen Leistung ist, nicht zu kurz kommen
lassen. Trotzdem müssen wir Rücksicht auf die Gefühle der
anderen nehmen. Es ist nie schlecht, wenn Sie beschreiben,
was das Kind wohl empfinden mag (›Du mußt ja sehr stolz auf
dich sein‹) oder was das Kind geleistet hat (›Da hast du aber
viel Übung und Ausdauer gebraucht, um diese Medaille zu
kriegen‹).«

»Der Trick dabei ist, nicht hinzuzufügen: ›Das ist ja toll. Das
muß ich sofort Papi und allen Nachbarn erzählen.‹ Die Begeisterung, die Sie für die Leistung eines Kindes empfinden, sollten Sie sich für den Augenblick aufheben, wenn Sie mit dem
Kind allein sind. Es überfordert die anderen Geschwister,
wenn sie sich das anhören müssen.«

»Aber manchmal ist es unvermeidlich, daß die anderen Kinder zuhören – zum Beispiel, wenn es Zeugnisse gibt. Bei mir
zu Hause halten mir beide Kinder ihre Zeugnisse gleichzeitig
unter die Nase. Letzte Woche konnte es mein Sohn kaum erwarten, mir seine Zwei in Mathe (das letzte Mal noch eine
Vier!) zu zeigen. Und während ich seinen Erfolg noch in den
höchsten Tönen lobte, rückte seine Schwester mit ihrer Eins
in Mathe raus. Es war, als hätte man ihm die Luft rausgelas-
sen. Seine Zwei hatte ihren Wert verloren.«

»Sie können Ihren beiden Kindern mit Nachdruck sagen:
›Hier gibt's keinen Zeugniswettbewerb. Das sind Benotun-
gen eurer Arbeit und eures Benehmens in der Schule im Lauf
der letzten sechs Wochen. Ich möchte mich mit jedem von
euch zusammensetzen, damit ich erfahre, was euer Lehrer
meint und was ihr selbst über eure Fortschritte denkt.‹«

»Aber wie kann ich verhindern, daß die Kinder ihre Zeugnisse vergleichen, wenn ich nicht da bin?«

»Können Sie nicht. Und brauchen Sie auch nicht. Wenn sie sich gegenseitig ihre Zeugnisse zeigen wollen, so ist das ihre Angelegenheit. Das Wichtige ist: Sie müssen wissen, daß Mami und Papi sie als eigenständige Persönlichkeiten sehen und kein Interesse daran haben, ihre Noten zu vergleichen.«

Anscheinend gab es keine Fragen mehr. Ich versuchte gerade, eine Zusammenfassung zu formulieren, als ich bemerkte, daß eine Frau noch etwas dazu sagen wollte:

»Ich wäre überglücklich, wenn meine Kinder nur ihre Schulnoten vergleichen würden. Aber sie vergleichen alles. Den ganzen Tag lang. Sogar ihre Nabel. ›Meiner ist drin... deiner ist draußen.‹ Und sie beobachten sich ständig und kümmern sich darum, was der andere hat: ›Ihrer ist besser... seiner ist schöner... du hast ihm das gekauft? Warum hast du's mir nicht auch gekauft?‹ Dauernd muß ich versuchen, allen das gleiche zu geben. Sie haben mich schon so weit, daß, wenn ich für Gregory Socken kaufe, ich für Dara auch welche kaufe, selbst wenn sie sie nicht braucht.«

Ich schaute mich im Raum um. »Es gibt ja wohl niemanden sonst hier, der dieses Problem hat«, sagte ich. »Keiner, der Kinder hat, die ständig vergleichen und gleiche Behandlung fordern, oder?«

Die einen stöhnten, die anderen lachten nur.

»Meine Damen und Herren«, verkündete ich. »Sie werden in allernächster Zukunft von einer schweren Last befreit. Wenn Sie nächste Woche wieder hierherkommen, werden wir versuchen, den Mythos aus der Welt zu schaffen, daß Kinder gleich behandelt werden müssen. In der Zwischenzeit schauen Sie erst einmal, was es Ihnen bringt, Vergleiche zu unterlassen.«

Spickzettel

Widerstehen Sie dem Drang, zu vergleichen

Anstatt einen unvorteilhaften Vergleich zu Bruder oder Schwester zu ziehen (»Warum kannst du deine Klamotten nicht wie dein Bruder aufhängen?«), sagen Sie dem Kind, was Sie an seinem Verhalten stört.

Beschreiben Sie, was Sie sehen:

»Ich sehe eine nagelneue Jacke auf dem Boden liegen.«

oder

beschreiben Sie, was Sie fühlen:

»Das stört mich.«

oder

beschreiben Sie, was getan werden muß:

»Diese Jacke gehört in den Schrank.«

Anstatt ein Kind vorteilhaft mit dem anderen zu vergleichen, (»Du bist viel ordentlicher als dein Bruder«), sagen Sie nur, was Ihnen an seinem Verhalten gefällt.

Beschreiben Sie, was Sie sehen:

»Wie ich sehe, hast du deine Jacke aufgehängt.«

oder

beschreiben Sie, was Sie fühlen:

»Das gefällt mir. Ich mag, wenn unser Flur ordentlich aussieht.«

Die Geschichten

Allein der Versuch, ein Kind *nicht* mit dem anderen zu vergleichen, war schwieriger, als manche erwartet hatten. Die Eltern in der Gruppe schienen sehr stolz auf das zu sein, was sie getan hatten, aber noch stolzer auf das, was sie *nicht* getan hatten.

Kay gab gerade dem Baby im Schlafzimmer sein Fläschchen. Ich sagte Michael, er solle mit mir in die Küche kommen, und fragte ihn, was er zum Mittagessen haben wolle. Er fing an zu quengeln und sagte: »Ich weiß nicht, was ich will ... ich möchte auch Baby sein. Babys kriegen alles gemacht. Sie müssen sich nicht allein anziehen ... sie müssen sich nicht allein waschen ... sie müssen sich nicht entscheiden, was sie essen wollen.« Normalerweise wäre das mein Stichwort gewesen, das Baby herabzusetzen, um Michael aufzubauen. Also zum Beispiel zu sagen: »Ja, aber das Baby kann nicht laufen oder reden und hat noch Windeln an.« Aber ich dachte an die Sitzung der letzten Woche, und so versuchte ich nur, ihm zu zeigen, daß ich jetzt ihm zuhörte. Das Ergebnis war eine wirklich nette Unterhaltung:

VATER: *Du glaubst, daß Babys alles gemacht kriegen und daß es Spaß macht, Baby zu sein.*

MICHAEL: *Ja, Papi. Möchtest du nicht auch ein Baby sein?*

VATER: *(lachend) Ich wär gerne Astronaut.*

MICHAEL: *Darum geht's doch nicht. Wärst du lieber ein Baby, oder wärst du lieber kein Baby?*

VATER: *Ich möchte sein, was ich bin.*

MICHAEL: *Warum?*
VATER: *Ich kann mehr als ein Baby. Ich kann mir viel mehr aus-suchen und mehr Entscheidungen treffen.*
MICHAEL: *Du meinst, wenn dir Rosa nicht gefällt, mußt du keine rosa Sachen anziehen?*
VATER: *Ja.*
MICHAEL: *Magst du lieber Blau oder Grün?*
VATER: *Manchmal mag ich lieber Blau und manchmal lieber Grün. Momentan mag ich Blau lieber.*
MICHAEL: *(überlegt) Jetzt möchte ich ein Marmeladebrot mit Erdnußbutter obendrauf!*

———

John hat mich gestern abend aus dem College angerufen. Er klang sehr glücklich. Er sagte: »Ich hab gerade mein Zwi-schenzeugnis gekriegt. Ich weiß, das von Karen ist viel besser, aber...«
Ich wollte ihn schon wieder mit meinem üblichen Spruch »Du weißt doch, wieviel sie lernt, und dich hat Sport immer mehr in-teressiert, also kann man natürlich nicht erwarten... bla, bla, bla.«
Dann dachte ich: Nein diesmal werd ich sagen: ›Was hat Karen denn damit zu tun? Du interessierst mich, und das nicht im Vergleich zu deiner Schwester.‹ Dann dachte ich: ›Nein. Warum Karen überhaupt erwähnen?‹ Also sagte ich: »Paul, du klingst so glücklich. Das Zwischenzeugnis muß wirklich gut sein.«
Dann haben wir über seine Fächer geredet und was er im näch-sten Semester vorhat. Karens Name fiel kein einziges Mal.

———

Es ist Schlafenszeit.
ICH: *Allen! Jennifer! Schlafen gehen. Ausziehen, Zähne put-zen. (Allen gehorcht.)*

85

JENNIFER: *(quengelt) Nein, ich will nicht.*

ICH: *Zeit, dich auszuziehen.*

JENNIFER: *Nein, mach du's!*

ICH: *(Bin verärgert und frustriert und möchte losschreien: »Warum kannst du nicht gehorchen wie dein Bruder?!!!« Aber ich überleg's mir noch mal und gehe in Allens Zimmer, um mich zu beruhigen.) Jennifer geht mir nach. Allen ist fertig zum Schlafengehen.*

ICH: *(zu Allen) Du bist ja schon fertig. Als du gehört hast, daß es Zeit ist, schlafen zu gehen, hast du dir gleich deinen Schlafanzug angezogen und dir die Zähne geputzt. Das war eine große Hilfe. (Man beachte: Kein Wort über Jennifer.)*

Bonus: Jennifer zog sich ihren Schlafanzug an und putzte sich die Zähne, ohne noch ein Wort drüber zu verlieren.

Weiterer Bonus:

ALLEN: *(aus seinem Zimmer) Du mußt dich nicht um meine Klamotten für morgen kümmern. Ich hab sie schon hergerichtet. Ich helf dir gerne.*

ICH: *Danke, Allen. (Zu Jennifer) Du bist ja schon fertig fürs Bett. (Man beachte: Ich habe nicht »auch schon fertig« gesagt.)*

Jennifer schaut mich stolz an.

———

Matthew (elf Jahre alt) vergleicht sich immer mit seinem älteren Bruder und kommt dabei »kleiner« und »ungeschickter« weg. Aber letzte Woche machte er etwas, das die ganze Familie in den Schatten stellte. Sonntagmorgen gab unser elektrischer Rasenmäher den Geist auf. Matthew hörte seinen Vater und mich jammern, wie sehr ein neuer Rasenmäher unser Portemonnaie strapazieren würde. Ein paar Stunden später tauchte er in der Einfahrt auf, mit einem altmodischen Handrasenmäher, den er für drei Dollar auf einem Flohmarkt von seinen eigenen Ersparnissen gekauft hatte.

Ich war ganz aus dem Häuschen. Ich hab mich so gefreut, daß ich ihm fast gesagt hätte, daß niemand sonst in der Familie auf so was gekommen wäre. Ich nicht, sein Vater nicht und sein großer Bruder, den er so toll fand, erst recht nicht. Na bitte, das bewies doch, daß er genauso gut, wenn nicht besser als sein Bruder war.

Sie können sich gar nicht vorstellen, wieviel Überwindung es mich gekostet hat, nur zu beschreiben, was er getan hatte. Ich sagte: »Matt, du hast gehört, wie Papi und ich uns Sorgen gemacht haben, weil wir einen neuen Rasenmäher kaufen müssen. Du hast dir überlegt, wie du uns helfen kannst, und hast tatsächlich einen Handrasenmäher gefunden, der funktioniert. Und das für drei Dollar!«

Matt strahlte. Dann warf er sich in die Brust und sagte: »Ich bin ein ganz schön pfiffiger Kerl!«

4.
Das gleiche bekommen heißt, weniger bekommen

Es war unsere vierte Sitzung.

Als ich die Tür öffnete, hörte ich schallendes Gelächter. Ein paar Frauen standen beieinander und amüsierten sich köstlich über etwas. Als sie mich sahen, winkten sie mir, herzukommen. Anscheinend hatten sie über die Frage diskutiert, die am Ende der letzten Stunde aufgekommen war. Ob man Kinder nun gleich behandeln soll oder nicht. Mit ein paar kuriosen Beispielen berichteten sie, was passieren kann, wenn man mit Gewalt fair sein will.

Noch bevor sie ihre zwerchfellerschütternden Erlebnisse zu Ende erzählen konnten, unterbrach ich sie: »Moment, das dürfen die anderen nicht verpassen.« Sobald die ganze Gruppe versammelt war, bat ich die Frauen, ihre Geschichten noch mal zu erzählen:

Warum gibt es keinen Roy Goats Gruff?

Ich lag mit meinen beiden Jungs Billy und Roy auf dem Sofa. Wir lasen ein Buch, das wir gerade aus der Bibliothek geholt hatten. Sie hörten zum ersten Mal die Geschichte von Billy Goats Gruff und dem Troll unter der Brücke. Beiden gefiel die Geschichte sehr gut, aber als sie zu Ende war, fing Roy zu weinen an. »Warum geht die Geschichte nur über Billy? Warum gibt es keinen Roy *Goats Gruff?« schluchzte er.*

Ich versprach ihm, eine Geschichte zu suchen, in der ein Roy vorkommt. Aber er war untröstlich. Können Sie sich das vorstellen? Ich kann nicht mal ein Märchen vorlesen, ohne nach-

zuschauen, ob auch beide Jungs darin erwähnt und gleich behandelt werden!

Der Haarschnitt I

Als ich noch klein war, hatte ich dünnes, strähniges, braunes Haar und meine Schwester eine phantastische blonde Mähne bis zur Taille. Mein Vater war immer sehr stolz auf ihre Haare. Er nannte sie seine »Rapunzel«.

Eines Nachts, als sie schlief, nahm ich die Nähschere meiner Mutter, schlich mich auf Zehenspitzen zu ihrem Bett und schnitt ihr so viele Haare wie möglich ab, ohne sie aufzuwecken. Als meine Schwester am nächsten Morgen in den Spiegel schaute, stieß sie einen Schrei aus. Meine Mutter kam angerannt, warf einen Blick auf sie und drehte durch. Ich versuchte, mich zu verstecken, aber meine Mutter erwischte mich. Sie brüllte mich an und schlug mich. Sie sagte, ich müßte zur Strafe den ganzen Tag im Zimmer bleiben und über das, was ich getan hatte, nachdenken. Ich glaube, es tat mir ein bißchen leid, aber nicht viel. Weil wir jetzt wenigstens gleich waren!

Der Haarschnitt II

In meiner Familie war ich die mit den hübschen Haaren, und meine Mutter wollte meine Schwester und mich unbedingt gleich behandeln. Sie war wild dazu entschlossen, damit wir keinen Grund zur Eifersucht hätten.

Eines Tages fand sie, wenn meine Schwester schon kein lockiges Haar hatte, sollte ich auch keins haben. Also brachte sie mich zum Friseur und ließ mir meine ganzen Locken abschneiden. Ich sah aus wie ein gerupftes Huhn. Ich heulte den ganzen Tag und wollte mit niemandem reden. Sogar heute noch nehme ich meiner Mutter das übel.

Chancengleiches Stillen

Als mein erstes Kind geboren wurde, freute ich mich schon darauf, es zu stillen, aber aus medizinischen Gründen wurde mir davon abgeraten. Ein paar Jahre später, als meine zweite Tochter zur Welt kam, beschloß ich, sie auch nicht zu stillen. Nicht, weil ich es nicht konnte oder etwa nicht wollte. Nur, damit die erste sich nicht benachteiligt fühlt, wenn sie irgendwann erfährt, daß ihre Schwester etwas gekriegt hat, was sie nicht hatte. Damals glaubte ich, das wäre die einzig faire Lösung. Aber wenn ich mir das jetzt überlege, war es total verrückt.

Alles Eis der Welt wäre zu wenig

Ich werde nie den Sommertag vergessen, an dem ich beschloß, die große Gefriertruhe in der Garage in Angriff zu nehmen und die Eiskruste von zwei Jahren abzutauen. Die Kinder hatten ihr Badezeug an und schauten mir zu, wie ich Eimer mit heißem Wasser rausschleppte, um das Eis loszuwerden. Plötzlich fing alles auf einmal zu schmelzen an. Ich warf zum Spaß einem der Kinder ein Stück Eis zu und sagte: »Magst du ein Eis?« Sofort krähten die anderen: »Ich auch, ich auch.«
Ich packte noch zwei Stücke und warf sie den anderen zwei zu. Dann schrie der Jüngste: »Die haben mehr!«
Ich sagte: »Du willst mehr? Da hast du mehr!« Und goß ihm einen Eimer Eis vor die Füße. Dann schrien die beiden anderen: »Jetzt hat er mehr.« Ich schüttete zwei weitere Eimer Eis in ihre Richtung. Der erste schrie: »Jetzt haben die mehr.«
Mittlerweile standen alle drei Kinder knöcheltief im Eis und schrien immer noch nach mehr. So schnell ich konnte, warf ich ihnen Eisbrocken vor die Füße. Und obwohl sie schon vor Kälte auf und ab hüpften, schrien sie immer noch nach mehr. Vor lauter Angst, einer könnte besser wegkommen als der andere.
Damals hab ich erkannt, wie nutzlos es ist, überhaupt zu versu-

chen, alles gleich zu machen. Die Kinder konnten nie genug kriegen, und als Mutter konnte ich nie genug geben.

Uns gefielen alle Geschichten, aber die letzte traf genau ins Schwarze. Es führte uns den schieren Wahnsinn der Folgen vor Augen, wenn Kinder Gleichheit verlangen und die Eltern sich gezwungen fühlen, das zu erfüllen. Nach kurzer Überlegung bemerkte ein Vater: »Ich seh ein, daß man sich verleiten lassen kann, ein paar recht merkwürdige Sachen zu tun, wenn man versucht, alle gleich zu behandeln. Aber was soll man machen, wenn die Kinder Druck ausüben?«

»Zum Beispiel?« fragte ich.

»Zum Beispiel, wenn sie einen damit schikanieren, daß man nicht fair wäre oder man ›ihr mehr gegeben hat‹ oder ›ihn mehr liebt‹.«

»Sie können sich immer wieder sagen«, antwortete ich, »daß, auch wenn es so scheint, als wollten sie alles gleich, das in Wirklichkeit nicht der Fall ist.«

Er schaute mich fragend an.

Das Konzept war schwer zu erklären. Ich erzählte die Geschichte von der jungen Frau, die plötzlich zu ihrem Mann ging und fragte: »Wen liebst du mehr? Deine Mutter oder mich?« Hätte er geantwortet: »Ich liebe euch beide gleich«, wäre er in große Schwierigkeiten gekommen. Statt dessen sagte er: »Meine Mutter ist meine Mutter. Und du bist die faszinierende Frau, mit der ich den Rest meines Lebens verbringen will.«

»Gleich geliebt zu werden«, fuhr ich fort, »ist irgendwie weniger geliebt zu werden. Auf besondere Weise geliebt zu werden – aufgrund der eigenen Persönlichkeit – entspricht mehr dem, was wir uns von der Liebe erhoffen.«

Immer noch gab es einige skeptische Gesichter.

Um den Unterschied zwischen quantitativ gleicher und individuell angemessener Zuwendung zu veranschaulichen, verteilte ich wieder Illustrationen.

Anstatt sich den Kopf zu zerbrechen, ob man gleich viel gibt…

…gehen Sie auf die Bedürfnisse des einzelnen Kindes ein.

Anstatt zu behaupten, jeden gleich zu lieben…

…zeigen Sie Ihren Kindern das Besondere Ihrer Zuneigung.

Die gleiche Menge an Zeit kann als weniger empfunden werden.

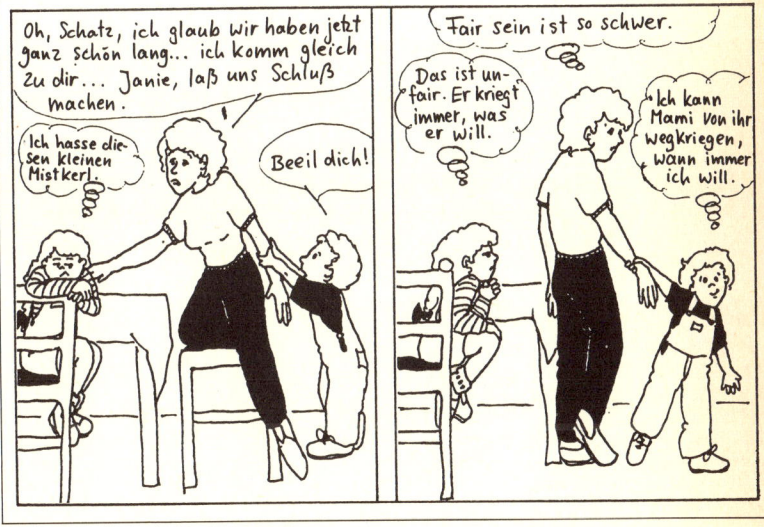

Geben Sie den Kindern Zeit, wenn sie Sie brauchen.

Ein paar Leute mußten beim Anschauen der Bilder lachen. Andere waren anscheinend ziemlich durcheinander. Es folgte eine lebhafte Diskussion:

»Die Situation mit den Pfannkuchen könnte sich bei mir zu Hause abgespielt haben. Aber was tun, wenn der kleine Johnny mehr will und kein Teig mehr da ist?«

Zwei Väter hoben die Hand.

»Wie wäre es, wenn man ein Schild mit großen Buchstaben malt und es an die Kühlschranktür hängt: NICHT VERGESSEN. FÜR JOHNNY DAS NÄCHSTE MAL MEHR PFANNKUCHENTEIG. Und dann natürlich auch machen.«

»Wie wäre es, wenn man ihm ein Stück vom eigenen Pfannkuchen gibt. Meine Kinder finden es toll, wenn sie was von Papis Teller kriegen. Erst gestern hat sich meine kleine Tochter beschwert, ihr Bruder hätte mehr Erbsen gekriegt. Also sagte ich: ›Hier, nimm ein paar von meinen.‹ Sie zählte die Erbsen, die ich ihr gegeben hatte, legte zwei auf meinen Teller zurück und sagte: ›Jetzt geb ich dir welche von meinen.‹«

Wieder Lachen.

Eine Frau war irritiert. »Das ist alles gut und schön, wenn man guter Laune ist«, sagte sie. »Aber wenn ich mir die Mühe gemacht habe, ein gutes Essen zu kochen, und die Kinder fangen an, zu zählen und nachzumessen, wer mehr bekommen hat, bring ich nicht die Geduld auf, nett zu sein.«

»Warum sich den Kopf über Nettsein zerbrechen?« erwiderte ein Mann. »Warum nicht einfach ehrlich sein? Es ist sehr unangenehm, wenn jemand behauptet, man wäre unfair. Ich hab meinen Töchtern einfach gesagt: ›Wenn jemand hier das Gefühl hat, sie würde nicht genug kriegen, möchte ich gerne so gefragt werden: Papi, wenn du Zeit hast, kann ich dann bitte noch ein bißchen mehr haben?‹«

»Das Problem bei mir zu Hause«, sagte eine andere Frau, »sind nicht die Kinder, das bin ich. Ich fühl mich nicht wohl, wenn ich nicht beiden gleich viel gebe. Wenn ich etwas für Gretchen kaufe – zum Beispiel einen neuen Schlafanzug – und Claudia steht mit langem Gesicht daneben, fühl ich mich schrecklich. Ich weiß nie, was ich ihr sagen soll.«

»Was sagen Sie denn normalerweise?«

»Oh, ich weiß nicht... so etwas wie: ›Aber Schätzchen, du brauchst doch keinen neuen Schlafanzug. Deiner paßt dir doch noch.‹«

»Klingt für uns Erwachsene ganz logisch«, sagte ich. »Der Haken ist, Kinder reagieren nicht auf Logik, wenn sie aufgeregt sind. Sie wollen, daß ihre Gefühle beachtet werden: ›Claudia, es kann sehr schwer sein, wenn man zuschauen muß, wie die Schwester einen neuen Schlafanzug kriegt und man selbst nicht. Und wenn man auch alle Gründe kennt, warum sie einen neuen Schlafanzug braucht und man selbst nicht, kann es einen trotzdem ärgern.‹«

Ich wandte mich an die anderen in der Gruppe. »Ich hoffe nicht, daß jemand hier den Eindruck bekommt, wir sollten nie zwei Kindern den gleichen Gegenstand schenken. Es wird immer wieder Gelegenheiten geben, bei denen das naheliegt und richtig ist. Ich möchte nur klarstellen: Wenn Sie sich entscheiden, *nicht* gleich zu geben, egal, aus welchem Grund, ist das auch in Ordnung. Die Kinder, die nichts bekommen haben, werden nicht daran eingehen. Verständnis zu haben und ihre Enttäuschung anzuerkennen wird ihnen helfen, mit der Ungerechtigkeit des Lebens fertig zu werden.«

»Bei meinem älteren Sohn hat das nicht funktioniert«, sagte eine Frau traurig. »Ich hab's versucht. Vielleicht, weil es in seinem Fall besonders ungleich ist. Nicht, was Dinge betrifft, sondern Zeit. Er nimmt mir sehr übel, daß ich soviel Zeit mit seinem jüngeren Bruder verbringe, der eine Lernschwäche hat. Er wirft mir sogar vor, ich würde seinen jüngeren Bruder lieber mögen.«

»Sie haben da eine sehr schwierige Situation beschrieben«, sagte ich. »Und Sie haben recht, Einfühlungsvermögen kann lediglich die berechtigten Bedürfnisse eines Kindes decken. Ich frage mich... glauben Sie, es wäre für Ihren älteren Jungen vielleicht eine Hilfe, wenn Sie sich mit ihm zusammensetzen und schriftlich festlegen, fünfzehn Minuten am Tag mit ihm alleine zu verbringen – fünfzehn Minuten wirklich ungestörter Zeit zusammen?«

Sie überlegte.

»Ich weiß nicht«, sagte sie. »Es wär den Versuch wert, weil er dann vielleicht weiß, daß er sich darauf verlassen kann, diese Zeit mit mir zu haben. Dann wär er vielleicht nicht mehr so wütend. Und dann würde er vielleicht endlich kapieren, daß ich seinen Bruder nicht bevorzuge, was ich auch wirklich nicht mache.«

»Aber angenommen, Sie täten es«, sagte ein Mann. »Was wär schon dabei? Ich dachte, genau das wäre eines der Dinge, die wir hier gesagt haben, nämlich, daß wir uns nicht den Kopf zerbrechen sollen, wie wir die Kinder überzeugen können, daß wir sie alle gleich gern haben. Es ist überhaupt nicht menschenmöglich, alle gleich gern zu haben. Ich wette, jeder hier hat seinen Liebling. Ich bin der erste, der zugibt, daß meine Jungs zwar gute Kinder sind, aber meine Tochter mein ein und alles ist.«

Bei mir schrillten die Alarmglocken. Er hörte sich viel zu zufrieden an angesichts einer Situation, die potentiell gefährlich war. Hatte er überhaupt eine Vorstellung davon, wieviel Schmerz er all seinen Kindern mit dieser Einstellung zufügen konnte, auch seinem »ein und alles«?

»So, wie ich es sehe«, sagte ich, »liegt das Problem nicht darin, einen Liebling zu haben. Wir alle fühlen uns von Zeit zu Zeit zu dem einen oder anderen Kind mehr hingezogen. Das Problem ist, wie man sichergehen kann, diese Vorliebe nicht zu zeigen. Wir alle wissen, daß Kain Abel erschlug, als Gott die Gaben Abels gnädiger annahm. Und wir wissen auch, daß Josephs Brüder ihn in einen Brunnen in der Wildnis warfen, weil ihr Vater ihn mehr liebte und ihm ein schönes Gewand geschenkt hatte. Das war zwar vor langer Zeit, aber die Gefühle, die zu diesen Gewaltakten führten, sind ewig und allgemein gültig.

Sogar heute, hier in diesem Zimmer«, fuhr ich fort und nickte der Frau zu, die die Geschichte vom ›Haarschnitt‹ erzählt hatte, »haben wir die Geschichte eines kleinen Mädchens gehört, die ihrer Schwester die Haare abschnitt, weil sie ihrem Vater gefielen.«

Die Frau, »Rapunzels Schwester«, sah mich eindringlich an. »In Wirklichkeit gefiel ihm einfach alles an ihr. An mir gefiel ihm nie etwas.« Tränen standen ihr in den Augen. »Ich kann gar nicht glauben, daß es immer noch so weh tut«, sagte sie.

Am liebsten hätte ich für sie geweint. Und für all die anderen Kinder, die das Leuchten in den Augen ihrer Eltern sahen und wußten, es würde nie ihnen gelten.

»Wir sind hier bei einer äußerst schwierigen Frage«, sagte ich. »Wie schützen wir die anderen Kinder der Familie vor unserer Begeisterung für das Kind, das uns gefühlsmäßig am nächsten steht?«

Bedrückende Stille. Ich war überrascht, denn ich dachte, es würden zumindest ein paar Eltern protestieren, daß dieses Problem bei ihnen nicht zuträfe. Aber es kam kein Wort dazu. Nach längerem Überlegen sprachen einige Leute ihre Gedanken aus.

»Ich weiß, daß mein Sohn Paul sehr drunter leidet, daß wir so stolz auf unsere Tochter sind. Er hat uns unumwunden gesagt: ›Du und Papi, ihr schaut euch immer an, wenn Liz etwas sagt.‹ Zuerst wußten wir nicht, was er meinte. Dann wurde uns klar, daß wir ständig diesen ›Ist sie nicht toll‹-Blick austauschten. Seit er uns darauf aufmerksam gemacht hat, bemühen wir uns sehr, das nicht mehr zu tun.«

»Meine Frau hat mich darauf hingewiesen, daß ich die Mädchen immer ignoriere, wenn wir mit dem Auto unterwegs sind. Ich sage immer: ›Mark, schau dir das an! ... Mark, schau dort!‹ Jetzt paß ich auf und rufe: ›He, Leute! Schaut mal dort!‹«

»Ich muß zugeben, daß ich mich dabei ertappt habe – und mehr als einmal –, daß ich eins meiner Mädchen härter anfasse als das andere. Selbst wenn beide gleichzeitig dasselbe machen. Ich bin sehr streng mit Jessica und fasse Holly immer mit Samthandschuhen an. Bei ihr bin ich immer irgendwie gerührt. Ich weiß, daß ich da aufpassen muß.«

»Aus alldem, was Sie sagen, schließe ich«, sagte ich, »daß wir, wenn wir niemanden mehr bevorzugen wollen, uns erst einmal eingestehen müssen, daß wir bevorzugen. Wir müssen uns selbst die Wahrheit eingestehen. Wenn wir unsere Befangenheit kennen, bringt uns das automatisch in eine bessere Position, die Kinder, die uns nicht so nahestehen, zu schützen. Es hilft uns auch, das bevorzugte Kind zu schützen, nämlich vor dem Zwang, seine Position halten zu müssen und vor der unvermeidbaren Feindschaft seiner Geschwister.«

Die Frau, die als letzte gesprochen hatte, war noch nicht zufrieden. »Was machen wir mit unseren Schuldgefühlen?« fragte sie. »Ich kann ja zugeben, daß ich parteiisch bin, aber mich trotzdem schlecht dabei fühlen.«

Ich fragte: »Würde es vielleicht helfen, sich selbst zu sagen, daß es nicht notwendig ist, auf jedes Kind mit derselben Leidenschaft zu reagieren, und es völlig normal und natürlich ist, verschiedenen Kindern verschiedene Gefühle entgegenzubringen? Wirklich notwendig ist nur, sich das weniger beliebte Kind noch mal genauer anzusehen, seine speziellen Qualitäten herauszufinden und ihm das Gute daran vor Augen zu führen. Mehr können wir von uns selbst nicht verlangen. Und mehr brauchen die Kinder auch nicht. Indem wir die Individualität jedes Kindes würdigen, geben wir jedem unserer Kinder das Gefühl, die Nummer eins zu sein.«

Es gab keine weiteren Fragen mehr.

Ich schaute auf die Uhr. Wir waren schon fünf Minuten über der Zeit. Die Leute saßen schweigend auf ihren Stühlen, den Blick nach innen gerichtet. Ich konnte fast spüren, wie sie Verbindungen zwischen dem Gehörten und ihren Familien zogen. Es war nicht nötig, ihnen Aufgaben zu stellen. Sie waren schon dabei, sich selbst zu stellen.

Spickzettel

Kinder müssen nicht gleich behandelt werden. Sie müssen individuell behandelt werden.

Anstatt gleiche Mengen zu geben:

»Hier, jetzt hast du genauso viele Weintrauben wie deine Schwester.«

geben Sie jedem, soviel er braucht:

»Willst du bloß ein paar Trauben oder ganz viele?«

Anstatt gleiche Liebe zu demonstrieren:

»Ich liebe dich genauso wie deine Schwester.«

zeigen Sie dem Kind, daß es auf besondere Art geliebt wird:

»Du bist einzig auf der ganzen weiten Welt. Niemand kann je deinen Platz einnehmen.«

Anstatt gleiche Zeit zu geben:

»Wenn ich zehn Minuten mit deiner Schwester verbringe, werde ich auch mit dir zehn Minuten verbringen.«

geben Sie Zeit nach Bedarf:

»Ich weiß, daß ich mir sehr viel Zeit für den Aufsatz deiner Schwester genommen habe. Für sie ist es sehr wichtig. Sobald ich fertig bin, höre ich mir an, was für dich wichtig ist.«

Die Geschichten

Die erste Geschichte, die als Rückmeldung kam, zeigte, daß jemand schwer mit sich gerungen hatte.

Das, was bei unserem letzten Treffen über Bevorzugung gesagt wurde, hat mich schwer getroffen. Ich begann zu überlegen, was wohl in meiner dreizehnjährigen Tochter Jessica vorging, weil ich für ihre Schwester Holly, die zehn ist, so viel Zeit und Liebe aufbrachte. Ich wußte, daß ihr das zu schaffen machte. Aber es ist für mich sehr schwer, mit Jessica zusammenzusein. Sie ist so launisch. Man weiß nie, woran man bei ihr ist. Jedesmal, wenn wir miteinander reden, wird daraus ein Streit. Ich meine, ich geh ihr deshalb einfach aus dem Weg.
Auf jeden Fall hab ich nach dem Treffen versucht, mich friedlich mit Jessica zu arrangieren. Am nächsten Nachmittag hab ich meine Arbeit unterbrochen und mich zu ihr auf die Couch gesetzt. Sie schaute gerade eine Unterhaltungssendung an. Ich blieb einfach sitzen, sagte kein Wort und schaute sie mir auch an. Am nächsten Tag schaute ich wieder mit ihr fern. Und gestern hat sie mich gerufen, um mir zu sagen, die Sendung würde jetzt anfangen. Anschließend haben wir sogar über das Gesehene diskutiert. Das mag sich vielleicht wie eine Lappalie anhören, aber so nah waren wir uns seit langem nicht mehr.

Die nächsten Geschichten werden zeigen, wie Eltern lernen, ihren Begriff von Fairness neu zu definieren. Sie hatten anfangs Schwierigkeiten, von der alten Vorstellung von Fairneß loszukommen, nämlich, daß man, um fair zu sein, alles gleich geben muß: Dinge, Zeit, ja sogar Liebe. Aber gerade, indem sie ihren Kindern ungleiche Zuwendungen machten, entdeckten die Eltern eine neue und befreiende Art, fair zu sein.

Beim Einkaufen letzte Woche hab ich ein T-Shirt mit einem Einhorn drauf gesehn. Ich wußte, daß es Gretchen gefallen würde, weil sie ganz wild auf so was ist. Ich hätte es fast nicht gekauft, aus Angst, wie ihre Schwester Claudia wohl darauf reagieren würde. Aber dann fiel mir unsere letzte Sitzung ein, und ich kaufte es trotzdem.
Als Gretchen die Tüte aufmachte und das T-Shirt hochhielt, sah Claudia schon etwas seltsam drein, aber sie beklagte sich nicht.
Dann mischte sich meine Mutter ein, die das Ganze beobachtet hatte. Sie nahm Claudia beiseite und flüsterte: »Nicht traurig sein, Schätzchen, ich kauf dir morgen ein neues T-Shirt.«
»Verflixt«, dachte ich. »Claudia hat sich gar nicht benachteiligt gefühlt, aber wenn meine Mutter so weitermacht, dann kommt sie sich übergangen vor.«
Ich nahm Claudia in den Arm und sagte: »Ich glaube, Oma macht sich Sorgen. Wir aber nicht. Wir wissen, daß in unserer Familie jedes Kind kriegt, was es braucht. Manchmal wird Gretchen was kriegen und manchmal Claudia. Aber im großen und ganzen wird jede kriegen, was sie braucht.« Ich konnte es selbst nicht fassen, was ich da gesagt hatte. Meine Mutter schien verwirrt. Aber Claudia und Gretchen schienen mich zu verstehen.

———

Bis jetzt hatte ich mich nie getraut, etwas für Dara zu kaufen, wenn ich nicht auch etwas für Gregory kaufte. Wie die beiden sich aufführen, kann sich keiner vorstellen. Sie haben mich inzwischen total eingeschüchtert.

Aber gestern hab ich den Stier bei den Hörnern gepackt. Ich
hab Dara eine neue Pausentasche für die Schule gekauft, weil
sie sie brauchte, und kam ohne etwas für Gregory nach Hause.
Kaum war Dara im Haus, fing sie an, vor ihrem Bruder anzu-
geben: »*Mami hat mir eine neue Pausentasche gekauft und*
nicht dir!«
Ich griff sofort ein. Ich sagte: »*Das mag ich nicht! Das ist Ange-*
berei. Das ärgert die anderen. Und es tut mir leid, daß ich dir
überhaupt eine Pausentasche gekauft habe!« *Und ich war froh,*
daß Gregory das hörte, weil er nämlich absolut fähig war, das-
selbe mit ihr zu machen. Sie werden beide lernen müssen, daß
sie das mit ihrer Mutter nicht mehr machen können.

———

Diese Woche gab es zwei Vorfälle, bei denen ich mir viel er-
spart habe, weil ich nicht versucht habe, fair zu sein.

Vorfall I

Es ist Schlafenszeit.
STEVIE *(vier Jahre alt): Mami, das ist unfair. Du warst länger*
bei Maggie als bei mir. Du hast länger mit ihr geredet.
Ich war versucht, zu sagen: »*Deine Schwester konnte heute*
schlecht einschlafen. Sie hat mittags zu lange geschlafen. Ich
mach's morgen wieder gut. Ich werd dir eine Extrageschichte
vorlesen.« *Statt dessen passierte folgendes . . .*
ICH: *Oh, du möchtest, daß ich länger bei dir bleibe?*
STEVIE: *Ja. (Dann rollte er sich zusammen und schlief sofort*
ein.)

Vorfall II

Stevie kränkelte ein bißchen. Ich wiegte ihn auf dem Schoß hin
und her, als Maggie, (1³/₄ Jahre alt), mit ausgestreckten Armen
zu mir herlief. Mein erster Gedanke war, Stevie sofort abzuset-

zen und sie hochzuheben. Aber das machte ich nicht. Ich sagte:
»Maggie, ich weiß, daß du von Mami in den Arm genommen
werden willst. Aber momentan muß ich Stevie länger auf dem
Arm haben, weil er krank ist.«
Stevies Augen leuchteten, als wollte er sagen: »Schau her, ich
bin wichtig!« Aber was mich erstaunte, war die Tatsache, daß
sie das akzeptierte und tatsächlich eine halbe Minute wartete,
bis ich sie hochnahm.

Die nächste Hürde für die Eltern war, die Kinder von ihren
Vorstellungen von ›gleich‹, ›dasselbe‹ und ›fair‹ zu befreien.
Anhand der nächsten zwei Beispiele werden Sie sehen, wie
eine Mutter und ein Vater gemeinsam ihren Söhnen halfen,
von solchen Vergleichen loszukommen.

*Die Rivalität zwischen unseren Jungs erreicht am Abend den
Höhepunkt. Zachary ist sauer, weil er eine halbe Stunde vor
Alex ins Bett gehn soll. Bloß weil er zwei Jahre jünger ist. Jeden
Abend dasselbe Theater. Zachary weigert sich, Ruhe zu geben.
Er singt, schlägt Purzelbäume im Bett, ruft uns, redet mit Alex,
selbst wenn der schon im Bett ist, und macht Krach, damit jeder
merkt, daß er noch nicht schläft.*
*Das macht Alex wütend, weil er das Gefühl hat, es wird nicht
anerkannt, daß er der Ältere ist. Wenn mein Mann oder ich versuchen, bei Zachary durchzugreifen, behauptet er, er könnte
nicht schlafen, bevor Alex nicht im Bett sei.*
*Anfang der Woche hab ich mir die beiden vorgeknöpft, um mit
ihnen zu besprechen, wer was zum Schlafengehn braucht. Es
war eine Katastrophe. Es endete damit, daß die beiden sich an-
brüllten.*
*Ich war drauf und dran, zu resignieren. Aber am nächsten Tag
hab ich mit Zachary allein geredet, und das war eine völlig andere Sache. Zuerst meckerte er wieder, weil Alex länger auf-
bleiben durfte. Aber diesmal war ich drauf vorbereitet. Ich*

sagte: »Wir reden jetzt nicht über Alex, sondern über dich.« Er sagte: »Aber Alex...«

Ich wiederholte: »Das ist ein anderes Thema. Er interessiert mich jetzt nicht. Ich möchte über dich reden und was du glaubst, daß du zum Schlafengehn brauchst.«

Das veränderte die ganze Richtung des Gesprächs. Er sagte mir, wie schwer es für ihn sei, einzuschlafen. Dann fragte ich ihn, ob er vielleicht einen Vorschlag habe, was man dagegen tun könnte. Er sagte, wenn er vielleicht Gymnastik machen würde, könnte er ein bißchen Energie loswerden. Er sagte auch, es würde vielleicht helfen, wenn er mit mir oder seinem Vater noch ein bißchen in Ruhe reden könnte, bevor das Licht ausgemacht wird. Bis jetzt klappt es mit dem Rezept.

———

Die Jungs platzen streitend zur Tür herein.
ALEX: *Papi, würdest du ihm bitte erklären, daß er über die Straße gehen kann, wenn ich ihm sage, daß es geht. Zachary, das Auto war mindestens einen Kilometer weg!*
ZACHARY: *Von wegen einen Kilometer. Ich hätte tot sein können!*
VATER: *Alex, dein Zeitgefühl ist genau richtig für dich. Zachary, dein Zeitgefühl ist genau richtig für dich. Es freut mich, daß jeder von euch sich auf sein eigenes Urteilsvermögen verlassen hat, obwohl ihr euch überhaupt nicht einig wart.*

In der nächsten Geschichte wird gezeigt, was unsere Kinder wirklich von uns wollen, selbst wenn sie uns unter Druck setzen, eins zu bevorzugen.

Wie die mich letzte Woche am Wickel hatten! Amy, meine acht-jährige mittlere Tochter, saß neben mir auf dem Sofa und fragte plötzlich: »Papi, wen liebst du am meisten – Rachel, Emily oder mich?«

Alles, worüber wir letzte Woche geredet hatten, war mit einem Mal wie weggeblasen. Ich brachte lediglich heraus: »Schätz-chen, ich liebe euch alle gleich.« Großartig, was?

Aber das kaufte sie mir nicht ab. Sie sagte: »Nehmen wir mal an, wir sitzen alle in einem Ruderboot, und es kentert. Alle sind am Ertrinken. Wen würdest du dann zuerst retten?«

Ich versuchte, mich rauszuschwindeln. »Diejenige, die mir am nächsten ist«, sagte ich.

»Und wenn alle gleich nah sind?«

Jetzt hatte sie mich wirklich eingekreist.

Aber dann fiel es mir wieder ein. »Das wäre eine ganz, ganz schreckliche Situation für mich«, sagte ich. »Jede von euch ist etwas Besonderes für mich, weil jede von euch anders ist. Was würde ich bloß tun, wenn meiner Amy je etwas passieren würde? Wie könnte ich es ertragen, jemanden zu verlieren, mit dem ich so gerne zusammen bin und mit dem ich so gerne rede? So eine wie sie würde ich nie mehr finden. Sie ist einmalig auf der Welt. Es ist schrecklich, bloß daran zu denken.«

Das beruhigte sie. Sie schien völlig zufrieden. Sie fragte nicht mal, was ich für ihre Schwestern empfand. Sie wollte bloß wis-sen, wie sehr ich sie schätzte.

5.
Rollenzuteilungen

Wenn er ›dies‹ ist, bin ich ›das‹

Es war am Abend vor unserem nächsten Treffen, und ich konnte es kaum erwarten. Endlich sollte das Thema drankommen, auf das alle sehnsüchtig warteten: raufen. Wir würden die ganzen zwei Stunden darüber reden, was zu tun sei, wenn sich die Kinder wirklich in die Wolle kriegten. Sehr zufrieden mit mir warf ich noch einen letzten Blick auf das Material, das ich vorbereitet hatte, und packte die Papiere in meine Aktentasche.

Der Hund stupste mich am Bein. Ich ignorierte ihn. Er bellte und stupste mich noch einmal. »Okay, Pepper, okay.« Ich streifte ihm die Leine über und lief mit ihm aus der Einfahrt. Zwei kleine Jungs rannten auf uns zu, deuteten auf den Hund und riefen: »Hundi! Hundi!«

Gleich hinter ihnen kam unsere Nachbarin. Als ich sie das letzte Mal gesehn hatte, schob sie ihre Zwillinge noch im Wagen. »Barbara!« rief ich erstaunt. »Das ist ja nicht zu glauben, wie die Jungs gewachsen sind. Die können ja schon reden und laufen! Aber eins ist sicher: Hunde mögen sie wirklich beide, stimmt's?«

»Ja, schon... aber schau mal, wie der Kleine versucht, den Hund zu streicheln, und schau, wo der Große ist. Er kann gar nicht weit genug weggehn.«

Diese Bemerkung überraschte mich. Ich wußte nicht, wie ich darauf reagieren sollte.

»So sind sie schon, seit sie auf die Welt gekommen sind«, fuhr sie fort. »Der Kleine hat wirklich Mumm. Der fürchtet sich vor nichts. Aber der Große fürchtet sich vor seinem eigenen Schatten.«

Ich murmelte ein paar nichtssagende Worte und entschuldigte mich. Ich zerrte den Hund zurück ins Haus. Ich wußte, wenn ich noch eine Sekunde länger blieb, würde ich etwas sagen, was mir später leid täte.

Wie konnte sie so etwas vor ihnen sagen? Hat sie geglaubt, sie würden sie nicht hören? Oder verstehen? Sie hatte jedes Kind abgestempelt, fest in eine Rolle gedrängt und merkte überhaupt nicht, wieviel Schaden sie damit angerichtet hatte – nicht nur bei den beiden Jungs, sondern auch im Hinblick auf ihre zukünftige Beziehung zueinander.

Als ich wieder zu Hause war, ging mir die morgige Sitzung nicht mehr aus dem Kopf. Vielleicht war es noch zu früh, über Raufereien zu reden? Vielleicht sollten wir erst mal drüber reden, wie Rollenfestlegungen Raufereien verursachen konnten. Sonst würden wir die Symptome behandeln, ohne die Hauptursachen zu verstehen. Andrerseits waren alle schon auf das morgige Thema vorbereitet, ich eingeschlossen. Das Telefon klingelte. Es war mein ältester Sohn. Er klang müde.

»Tag, Mami. Ich hab die ganze Woche Prüfungen geschrieben, jetzt hab ich mir gedacht, ich mach mal 'ne Pause und ruf zu Hause an. Wie geht's denn so?«

»Gut. Du fehlst uns. Besonders Pepper. Er geht immer wieder in dein Zimmer und sucht dich.«

»Das ist sicher schwer für ihn, jetzt, wo Andy und ich weg sind.«

»Ich glaube, du fehlst ihm am meisten.«

»Warum gerade ich?«

»Na, du hast doch eigentlich immer die Hauptverantwortung für den Hund getragen.«

»Das ist nicht wahr, Mami. Andy hat ihn jeden Morgen gefüttert.«

»Stimmt. Aber du hast immer dafür gesorgt, daß er jeden Tag seinen Auslauf kriegt. Und er hat sich nur von dir die

Nägel schneiden und die Ohren putzen lassen. Deinen Bruder läßt er mit einem Waschlappen nicht mal auf zwei Meter ran.«

»Wenn du meinst«, sagte er, und es war ihm hörbar peinlich. »Ich weiß nicht... Also, ich muß jetzt wieder an die Arbeit. Ich muß noch viel lesen. Schönen Gruß an Papi.«

Er legte auf.

Ich konnte nicht fassen, was ich da getan hatte. Welcher Teufel hatte mich geritten? Warum hatte ich das Bedürfnis, David einzureden, er wäre der ›Verantwortliche‹? Warum in aller Welt wollte ich ihn dazu bringen, sich für den Überlegeneren zu halten? Weil er mir leid tat, weil er so alleine in diesem kleinen Schlafsaal war? Tat er mir so leid, daß ich ihn auf Kosten seines Bruders aufbauen wollte? Und ich regte mich darüber auf, was die Nachbarin mit ihren Jungs machte!

Damit waren die Würfel gefallen. Die Arbeitsgruppe über Raufereien mußte einfach warten. Wir würden morgen über Rollenverteilung sprechen, aber auf eine neue Art. Wir mußten besser verstehen lernen, was hinter dem Impuls lag, unsere Kinder auf Rollen festzulegen. Wir mußten nicht nur erforschen, wie so eine Rolle jedes Kind selbst beeinflußt, sondern auch, wie diese jeweilige Rolle die anderen Geschwister beeinflußt und schließlich auch ihre Beziehung zueinander.

Am nächsten Abend konnte ich es kaum erwarten, bis die Leute sich gesetzt hatten.

»Heute abend geht's ums Raufen?« fragte eine Frau hoffnungsvoll, als sie sich setzte.

»Nächste Woche«, antwortete ich. Dann erzählte ich ihnen von meiner Nachbarin, von meinem Telefongespräch, von meinen Gedanken.

Sie hörten mir ernüchtert, aber aufmerksam zu.

»Ich möchte folgendes von Ihnen wissen«, sagte ich. »Was, glauben Sie, veranlaßt Eltern, ihren Kindern verschiedene Rollen zuzuteilen? Einen möglichen Grund hab ich bereits genannt, nämlich den fehlgeleiteten Wunsch, das Ego eines

Kindes aufzubauen, auf Kosten seiner Geschwister. Was noch?«

Die Antworten ließen nicht auf sich warten:

»Der fehlgeleitete Wunsch, unser eigenes Ego aufzubauen. Wahrscheinlich war Ihre Nachbarin ein ängstliches kleines Mädchen, und deshalb hat sie damit angegeben, daß sie ein Kind mit ›Mumm‹ hat.«

»Und ich glaube, das Gegenteil trifft auch zu. Ich glaube, wir neigen dazu, unseren Kindern unsere eigenen Schwächen anzudichten. Ich weiß, daß ich meinem Sohn immer vorwerfe, daß er Sachen vor sich herschiebt. Dabei bin ich selbst Weltmeister im Aufschieben von Sachen.«

»Ich glaube auch, daß uns irgendwie die Vorstellung gefällt, wir könnten unsere Kinder genau einschätzen. Manchmal nenn ich meinen Sohn ›Pünktlicher Paul‹ oder necke meine Tochter mit ›Langsame Lizzie‹. Das ist inzwischen schon ein Familienwitz.«

»Ich glaube, wir verpassen unseren Kindern verschiedene Rollen, weil wir möchten, daß sich jeder von ihnen als was Besonderes fühlt. Ich weiß nicht, ob das richtig ist, aber ich sag meinen dreien immer: ›Du bist gut im Lesen, deine Schwester ist gut in Mathe, und dein Bruder ist gut im Zeichnen.‹ Das ist eine Möglichkeit, jedem von ihnen eine eigene Identität zu geben.«

Plötzlich schoß eine Hand nach oben. »Mir ist gerade etwas klargeworden«, rief eine Frau. »Eltern sind nicht die einzigen, die ihren Kindern Rollen zuteilen. *Kinder suchen sich auch selbst Rollen!*«

Die Gruppe wechselte schlagartig die Richtung und ging auf ihren Gedanken ein.

»Das stimmt. Ein Kind wird den ›Braven‹ spielen, weil es dadurch Liebe und Anerkennung bekommt.«

»Oder es spielt den ›Bösen‹, damit es Aufmerksamkeit bekommt, selbst wenn es negative Aufmerksamkeit ist.«

»Kinder sind gewitzt. Sie wissen sehr genau, was ihnen welche Rolle bringt. Der ›Clown‹ der Familie kommt mit allem durch. Das Kind, das den ›Hilflosen‹ spielt, wird von allen alles gemacht kriegen.«

Die erste Frau meldete sich wieder zu Wort. »Und wir haben noch nicht einmal die Tatsache erwähnt, daß Kinder sich gegenseitig in Rollen drängen! Und das hat auch nichts mit den Eltern zu tun!«

Ich bat sie, das näher zu erklären.

Sie dachte kurz nach. »Ich gebe Ihnen ein Beispiel aus meinem eigenen Haushalt. Mein Ältester, der recht klein und schmächtig ist, gibt immer damit an, wie stark er ist, und nennt seinen kleinen Bruder ›Schwächling‹. Und der Jüngere, der ein Kreuz wie ein Schrank hat, glaubt ihm das tatsächlich. Er findet sich schwach und benimmt sich auch so. Wenn man ihn bittet, etwas hochzuheben oder zu tragen, ist es ihm immer ›zu schwer‹. Er weiß überhaupt nicht, wie stark er ist. Und wenn sein älterer Bruder sich durchsetzt, wird er es nie rausfinden.«

Wir saßen betreten da. Die Größe und Vielschichtigkeit des angeschnittenen Problems war einfach überwältigend: Wir drängten die Kinder in Rollen. Die Kinder machten sich selber Rollen. Die Kinder teilten sich gegenseitig Rollen zu.

Ein Mann hob die Hand. »Darf ich mal kurz den Advocatus Diaboli machen?«

Wir drehten uns alle zu ihm.

»Wenn es so natürlich ist, daß die Kinder einer Familie in Rollen gedrängt werden, vielleicht gibt es einen guten Grund dafür, den bis jetzt nur noch niemand erwähnt hat.«

»Zum Beispiel?« fragte ich.

»Also, nehmen wir mal an, Sie haben ein Kind, das gelobt wird, weil es der klügste Kopf in der Familie ist. Würde das Kind nicht intensiver lernen, in der Schule und auf lange Sicht auch im Leben besser abschneiden? Ich will damit sagen, in diese Rolle gesteckt zu werden kann Vorteile bringen.«

Drei aufgebrachte Leute fingen gleichzeitig an zu reden. »Sie zuerst«, sagte ich zu einer Frau, die vor Wut puterrot angelaufen war.

»Natürlich bringt das dem privilegierten Kind Vorteile«, sagte sie verächtlich. »Für dieses Kind ist das toll. Aber was ist mit den anderen? Die werden doch automatisch in die zweite Reihe abgeschoben.«

Die nächste Frau zog sofort nach. »Und bedenken Sie, was für Aggressionen das freisetzt, wenn ein Kind über das andere gestellt wird. Mein Bruder war die Familienschönheit. Dauernd sind Leute zu meiner Mutter gekommen und haben gesagt: ›Ihr Sohn sieht ja toll aus! Genau wie Robert Redford! . . . Und, oh, das ist also Ihre Tochter. Sie ist ja auch ganz süß.‹ «

»Damals hab ich gedacht, es macht mir nichts aus. Aber wissen Sie, seit Jahren verfolgt mich ein Traum, in dem mein Bruder und ich die Straße hinuntergehn und sein Kopf plötzlich von einem riesigen Nußknacker zerquetscht wird.«

Entsetzen und Lachen.

Nachdem sich die Gruppe wieder beruhigt hatte, kam die dritte Frau zu Wort. »Ich kann Ihnen aus Erfahrung sagen, daß es für das privilegierte Kind auch kein Honiglecken ist. Man ist ständig unter Druck. Meine Eltern haben mich immer gelobt und gesagt, ich wäre die ›Verantwortungsbewußte‹, und ich hab ihre Erwartungen erfüllt. Aber ich mußte auch den Preis zahlen. Bis zum heutigen Tage spielen mein Bruder und meine Schwester immer noch die Hilflosen, und an mir bleiben die Familienprobleme hängen.«

Jetzt hoben fast alle die Hand. Jeder wollte erzählen, in welche Rolle er gedrängt worden war und welche Folgen das hatte. Die Berichte zeigten trotz aller Verschiedenheit das gleiche Muster. Eine Rolle schien automatisch die andere zu bestimmen: »Ich war immer die Schlampe, mein Bruder der Saubermann.« . . . »Ich war der Schrecken der Familie, meine Schwester Fräulein Oberbrav.«

Und wenn die Besetzung des Dramas erst einmal feststand, spielten die Charaktere nahezu zwanghaft ihre Rollen: »Ich hab mir gedacht, wenn mir schon dauernd vorgeworfen wird, ich wäre ›wild‹, dann kann ich auch ›wild‹ sein.« . . . »Die

Leute haben sowieso erwartet, daß ich schlampig bin, ich wollte sie nicht enttäuschen.«

Und immer waren Aggressionen zwischen Brüdern und Schwestern das Ergebnis: »Ich war sauer auf meinen Bruder, weil er der ›Tüchtige‹ war. Ich kam mir neben ihm immer ungeschickt vor.«... »Ich habe meine Schwester gehaßt, weil sie immer gleich explodierte. Ich mußte deswegen immer die Ruhige sein.«

Und selbst wenn die Rollen nicht direkt entgegengesetzt waren, wurden die Kinder festgelegt – oder legten sich selbst ihre Rolle im Vergleich zu den anderen fest: »Ich war nicht so beliebt wie meine Schwester.«... »Ich war keine Führernatur wie mein Bruder.«

Und immer kam am Schluß traurig die Bemerkung: »bis heute«: »Bis zum heutigen Tag gibt es Spannungen zwischen uns.«... »Wir kommen immer noch nicht miteinander klar.«... »Ich hab heute noch das Gefühl, daß etwas nicht stimmt, wenn ich nicht der Komische... der Ordentliche... der Verantwortungsbewußte bin.«

Nachdem die letzte Geschichte erzählt war, wurden alle sehr still und dachten über das soeben Gehörte nach. Jemand fragte: »Besteht vielleicht die Möglichkeit, eine Familie zu haben, in der sich die Rollen der Geschwister einander anpassen und die ganze Familie als harmonische Einheit funktioniert?«

»Das könnte möglich sein«, antwortete ich, »aber wir müssen unsere Kinder auch auf ein Leben außerhalb der Familie vorbereiten. Und das Leben fordert, daß wir viele Rollen spielen. Wir müssen wissen, wie man für jemanden sorgt und selbst versorgt wird, wie man führt und auch geführt wird, wie man ernst ist und ein bißchen ›wild‹, wie man mit Unordnung lebt und wie man Ordnung schafft. Warum sollen wir unsere Kinder einschränken? Warum sollen wir sie nicht ermutigen, ihre Fähigkeiten auszuloten und Stärken zu entdecken, die sie nicht im Traum bei sich vermutet hätten?«

Unser Advocatus Diaboli war von meiner schönen Rede nicht

beeindruckt: »Sie sprechen da von einer Art Ideal«, sagte er. »Sind wir doch mal ehrlich. Menschen haben von Natur aus Fähigkeiten und auch Grenzen. Meine älteste Tochter ist musikalisch sehr begabt. Sie ist zehn und spielt schon ein ganzes Haydn-Konzert. Die jüngere hat überhaupt kein Gehör, also haben wir sie in die Turngruppe geschickt.«

Ein schlimmeres Beispiel hätte er gar nicht nennen können, um mich in Fahrt zu bringen. Seine Worte lösten Erinnerungen an einen Teil meiner Kindheit aus, an den ich seit Jahren nicht mehr gedacht hatte. Jetzt war die Erfahrung wieder da, frisch und schmerzlich wie eh und je. Ich erzählte ihm die ganze Geschichte, von Anfang an. Wie es begonnen hatte mit dem neuen Mahagoni-Klavier, das meine Eltern voller Stolz für die Kinder gekauft hatten; wie ich dann meiner großen Schwester beim Spielen zuschaute und den Tag herbeisehnte, an dem ich alt genug sein würde, um Unterricht zu bekommen; dann mein erstes Jahr Klavierunterricht, wo mir der Lehrer immer wieder sagte, ich wäre seine ›schlechteste Schülerin‹; wie ich trotz seiner Kritik und meines mangelnden Talents stundenlang selig die paar einfachen Stücke spielte, die ich beherrschte. Ich erzählte von der großen Diskussion meiner Eltern, ob es sich ›lohnen‹ würde, meinen Unterricht fortzusetzen.

Ich kannte den Urteilsspruch, ehe er gefällt wurde. Meine Schwester war die ›Musikalische‹. Vielleicht ließe sich für mich etwas anderes finden. Ich akzeptierte ihre Entscheidung ohne Murren. Sie hatten recht. Sosehr ich mich auch plagte, ich lernte sehr langsam und unter großen Schwierigkeiten. Aber der Verlust der Musik war ein schrecklicher Verlust für mich. Erst nach Monaten wurde mir klar, wie sehr sie mir fehlte. Ich konnte es nicht ertragen, meine Schwester spielen zu hören. Jede Note tat weh.

Wenn keiner da war, holte ich meine alten Hefte raus und versuchte, heimlich weiterzulernen. Ich machte sogar Fortschritte. Aber schließlich war ich von der Aufgabe überfordert und gab auf. Das mit der Musik sollte eben nicht sein.

Der Mann starrte mich an. Er sah aus, als wollte er etwas sagen, als ihm eine Frau mit bebender Stimme zuvorkam: »Meine Eltern haben mich mit acht Jahren in den Klavierunterricht geschickt. Meine kleine Schwester hat mir immer beim Üben zugeschaut, und wenn ich fertig war, hat sie sich ans Klavier gesetzt und versucht, es mir nachzutun. Dann hat sie sich eines Tages hingesetzt und ohne eine einzige Stunde Unterricht das Stück gespielt, mit dem ich mich fast einen Monat lang geplagt hatte. Da hab ich aufgehört zu üben. Ich hab meiner Mutter gesagt, ich will keinen Unterricht mehr.«

»Und Ihre Mutter hat zugelassen, daß Sie aufhören?« fragte ich.

Sie nickte.

»Ich frage mich, wie es gewesen wäre, wenn Ihre Mutter, anstatt Ihre Entscheidung zu akzeptieren, gesagt hätte: ›Ich sehe keinen Grund, warum du aufhören solltest. Ich glaube, du spielst gerne Klavier und Fortschritte machst du auch.‹ Wie hätten Sie darauf reagiert?« fragte ich.

»Ich hätte wahrscheinlich gesagt: ›Aber du verschwendest dein Geld. Ruth spielt besser. Sie kann schon mein ganzes Stück.‹«

Ich spielte die Rolle der Mutter weiter: »Liebling, ich seh ja ein, daß das entmutigend ist, aber Ruths Spielen hat damit überhaupt nichts zu tun. Es ist nicht wichtig, ob jemand ein Stück schnell oder langsam lernt. Es ist nur wichtig, welche Bedeutung *du* der Musik gibst, die ihr sonst kein anderer geben kann. Wichtig ist die Freude, die dir das Spielen macht. Ich möchte unter keinen Umständen, daß du dir diese Freude selbst nimmst.«

Sie kämpfte mit den Tränen. »Das wäre für mich das Schönste auf der Welt gewesen«, sagte sie.

»Ich weiß«, sagte ich. (Und ob ich das wußte!) »Es gibt auf der Welt eine Menge Brüder und Schwestern, die man um die ihnen zustehenden Chancen bringt, weil eins ihrer Geschwister eine besondere Begabung hat.«

Ich wandte mich jetzt an die ganze Gruppe. »Es ist wahr, daß es Kinder gibt, die ein großes, angeborenes Talent haben, und das sollte selbstverständlich erkannt und gefördert werden. Aber nicht auf Kosten der anderen Geschwister. Wenn ein Kind auf einem bestimmten Gebiet Talent zeigt, müssen wir auf der Hut sein, daß wir andere nicht von diesem Gebiet ausschließen. Und dafür sorgen, daß die anderen sich nicht selbst ausschließen. Wir müssen besonders auf Bemerkungen achten wie: ›Er ist eben der Musiker in der Familie‹ . . . ›Sie ist die Gelehrte‹ . . . ›Er ist der Athlet‹ . . . ›Sie ist die Künstlerin‹. Es sollte keinem Kind gestattet werden, eine Sparte menschlicher Betätigung ganz für sich in Anspruch zu nehmen. Wir müssen jedem unserer Kinder klarmachen: Die Freude am Studium, am Tanzen, am Theater oder an der Poesie ist für alle da. Sie ist nicht für die Leute mit besonderen Fähigkeiten reserviert.«

Nicht mal ein Hauch von Widerspruch war zu hören.

»Was halten Sie davon, wenn wir bis nächste Woche drüber nachdenken, ob eins unserer Kinder eine Rolle spielt, aus was für Gründen auch immer, und wenn wir uns überlegen, wie wir das Kind daraus befreien können, damit es sein ganzes Ich ausleben kann?«

Plötzlich fiel es mir wieder ein: »Ach nein – ich hab Ihnen ja für nächste Woche schon eine Sitzung über das Raufen versprochen!«

Mein »Advocatus Diaboli« machte eine beschwichtigende Geste. »Ist schon okay«, sagte er. »Dann raufen sie eben noch eine Woche länger. Das hier ist ebenso wichtig.«

Raum schaffen für Veränderungen

Am Anfang geht es in Elterngruppen immer recht langsam zu. Die Teilnehmer brauchen Zeit, um sich nach einer arbeitsreichen Woche wieder in die Themen hineinzudenken. Mit dieser Gruppe war das anders. Das Thema der letzten Woche wurde sofort wieder aufgegriffen, als wäre man höchstens für eine Kaffeepause draußen gewesen.

»Ich habe sehr viel über die Aufgabe, die Sie uns letzte Woche gegeben haben, nachgedacht und festgestellt, daß in meiner Familie niemand in eine Rolle gedrängt wird. Am Sonntag hab ich dann meine Jungs dem neuen Pfarrer vorgestellt und hörte mich selbst sagen: ›Das ist mein Ältester, mein Mittlerer und das mein Baby.‹ Ich erwähnte nicht mal ihre Namen! Und ich muß zugeben, so behandle ich sie auch. Ich verzeihe meinem Fünfjährigen, weil er der Jüngste ist, mein Mittlerer ist einfach da, irgendwie zwischendrin, und hinter dem Zehnjährigen bin ich ständig her, er solle sich doch ›seinem Alter entsprechend‹ benehmen.«

»Ich kann das nachfühlen«, sagte ein Vater. »Seit Kay das Baby bekommen hat, erwisch ich mich immer dabei, wie ich Michael dränge, erwachsener zu werden. Gestern abend hab ich zu ihm gesagt, er soll sich seinen Schlafanzug allein anziehn, er wär doch schließlich ein großer Junge. Er sah richtig unglücklich aus und sagte: ›Papi, merkst du denn nicht, daß ich unter der Haut noch ganz klein bin?‹«

»Das ist eines der Dinge, die letzte Woche nicht zur Sprache kamen«, sagte jemand. »Und dabei liegt es doch auf der

Hand: Wir behandeln die Kinder nach der Reihenfolge, in der sie auf die Welt gekommen sind.«

»Und manchmal«, sagte eine Frau, »behandeln wir sie nach unserem eigenen Platz in der Reihenfolge.«

Wir schauten sie völlig verdutzt an.

»Ich versuche, es kurz zu machen«, sagte sie. »Ich war eine ältere Schwester, die ihren kleinen Bruder immer schrecklich lästig fand. Das Ergebnis ist, ich reg mich furchtbar auf, wenn mein Sohn seine ältere Schwester piesackt, und sage ihm, er wäre furchtbar lästig. Wahrscheinlich identifiziere ich mich mit meiner Tochter.

Mein Mann, der ein jüngerer Bruder war, reagiert genau entgegengesetzt. Er identifiziert sich mit unserem Sohn, sieht ihn als Opfer und beschuldigt ständig meine Tochter, sie wäre ›böse‹ zu ihrem kleinen Bruder. Also ist im Drehbuch meines Mannes meine Tochter die ›Unterdrückerin‹ und unser Sohn der ›Unterdrückte‹.«

Das Problem faszinierte uns alle. Einige Leute gaben zu, sie würden wohl auch dazu neigen, sich mit dem Kind zu identifizieren, dessen Rolle ihrer eigenen Vergangenheit am ehesten entsprach. Andere wieder wiesen sofort darauf hin, daß man gar nicht in die eigene Vergangenheit zurückgehen müsse, um die einen Kinder als Unterdrücker und die anderen als Unterdrückte zu sehen. Sie erzählten, sie hätten Kinder, die wirklich passiv und sanft seien, und andere, die wirklich »gemein«, »boshaft« oder »streitsüchtig« seien.

»Könnten Sie mir ein Beispiel geben?« fragte ich. Eine Frau sagte: »Ich weiß, es ist kaum zu fassen, aber bei mir ist die Dreijährige der Schläger-Typ. Sie nimmt ihrer älteren Schwester Sachen weg, kratzt sie, beißt... und ihre Schwester läßt sich das einfach gefallen. Sie versucht nicht mal, sich zu wehren. Es macht mich ganz krank, das mit anzusehen, aber ich weiß nie, was ich machen soll.«

»Und was machen Sie?« fragte ich.

Sie lachte verlegen. »Vermutlich genau das Falsche«, sagte sie. »Ich sag der Kleinen, sie sei böse, und schick sie aus dem Zimmer.«

»Und was einen dann auf die Palme bringt, ist die Tatsache«, fügte ich hinzu, »daß sie genau eine Stunde später dasselbe wieder macht.«

»Genau«, rief die Frau. »Nur, meistens passiert es schon eine Minute später. Aber was kann ich sonst dagegen tun? Ich muß doch eingreifen, oder?«

»Selbstverständlich. Aber so, daß nicht jedes Mädchen in seiner Rolle bestärkt wird.«

Um die Situation zu veranschaulichen, bat ich die Frau, sich vorzustellen, sie wäre ihre dreijährige Tochter. Dann brauchten wir einen Freiwilligen, der die ältere Schwester spielte, der sich schließlich auch fand. Wir spielten die Szene zweimal durch. Beim ersten Mal schenkte ich meine ganze Aufmerksamkeit der »Angreiferin« und ignorierte die Schwester. Beim zweiten Mal beobachtete ich nur die große Schwester. Der Ablauf war so, wie auf den folgenden Seiten dargestellt:

Schenken Sie dem Angreifenden keine Aufmerksamkeit...

...kümmern Sie sich statt dessen um den Angegriffenen.

Die Frau, die ihre eigene dreijährige Tochter gespielt hatte, war erstaunt: »Was für ein Unterschied!« sagte sie. »Beim ersten Mal, als Sie mich angebrüllt und geschüttelt haben, hab ich mir gedacht: ›Das ist ja toll. Jetzt hab ich Mami wirklich!‹ Aber beim zweiten Mal, als Sie sich nur um meine Schwester gekümmert haben, hab ich mir gedacht: ›Das ist es gar nicht wert. Das mach ich nicht mehr!‹«

»Aber nehmen wir mal an, Sie haben das Verhalten der Kinder falsch interpretiert?« sagte eine andere Frau. »Meine Schwester hat mich dauernd gehauen, und meine Mutter meinte, sie wäre der Schläger. Aber was meine Mutter nicht wußte, war, daß ich meine Schwester absichtlich getriezt habe, *damit* sie mich schlägt und damit sie Schwierigkeiten kriegt. Meine Mutter hat das nie gemerkt.«

Boshaftes Grinsen auf einigen Gesichtern. Offensichtlich war dieses Geschwister-Spiel gar nicht so selten.

»Das ist ein weiterer guter Grund«, sagte ich, »unsere Kinder *nicht* in Rollen zu zwängen. Selbst als unmittelbare Beobachter könnten wir leicht falsche Schlüsse ziehen.«

Die Mutter mit den zwei Töchtern schüttelte den Kopf.

»Das mag ja vielleicht so sein«, sagte sie, »aber meiner Meinung nach kommt jedes Kind mit einer gewissen Veranlagung zur Welt, und nichts, was man als Elternteil tut, wird das ändern. Ich weiß, daß meine zwei von Geburt an völlig verschieden waren. Wie Tag und Nacht. Der Kleine war immer ein kleines Miststück und der Ältere...«

Ich hörte schon gar nicht mehr zu. Ich wußte genau, was kommt. Und das Schlimmste war, daß es einmal eine Zeit gab, wo ich ihr völlig recht gegeben hätte. Ich seufzte innerlich. Wie sollte ich es ihr klarmachen? Ich überlegte kurz, ob ich ihr von meinen eigenen Jungs erzählen sollte, aber verwarf den Gedanken dann wieder. Diese Erinnerung wollte ich lieber nicht mehr ausgraben.

Das Zimmer kam mir plötzlich ganz stickig vor. Die Frau redete weiter über die Unveränderbarkeit von Charakterzügen. Schließlich kam ihr Resümee: »Wenn man glaubt, man könne

die menschliche Natur verändern, dann kann man genausogut mit dem Kopf gegen die Wand rennen.«

Ich hoffte, jemand würde einen anderen Standpunkt äußern.
Aber keiner sagte ein Wort. Alle saßen mit resignierter
Miene da. Ich dachte: »Wenn das so ist, dann muß ich wohl
doch.«

»Ich hab einmal genauso gedacht«, sagte ich bedächtig, »besonders, als meine Kinder noch klein waren. Ich hatte entschieden, daß mein ältester Sohn der geborene Schläger war
und mein Jüngster unglaublich süß und sanft. Jeden Tag gab
es neue Beweise dafür, daß ich recht hatte, weil David anscheinend jeden Tag boshafter wurde und Andy jeden Tag
verletzlicher, bemitleidenswerter und schutzbedürftiger.

Die Wende kam, als die Jungs so etwa zehn und sieben waren.
Ich war in einer Gruppe von Dr. Ginott und hörte, wie er davon sprach, wie wir unsere Kinder behandeln. Nicht, wie sie
wirklich waren, sondern wie wir hofften, daß sie werden würden. Der Gedanke schlug bei mir wie eine Bombe ein. Ich sah
plötzlich meine Jungs mit anderen Augen. Was hoffte ich,
daß sie werden würden?

Die Antwort war nicht so leicht zu finden. Ich mußte viel mit
mir selbst reden: ›Sicher kann David böse und gemein sein,
aber er kann auch lieb sein, sich zurückhalten, auf friedliche
Art erreichen, was er will. Diese Qualitäten in ihm mußten
gefördert werden.‹

Gleichzeitig war mir aber klar, daß ich aufhören mußte, Andy
als ›Opfer‹ zu sehen – ich mußte diese Vorstellung aus meinem Kopf kriegen. Ich sagte mir: ›In meinem Haus gibt es
kein Opfer mehr. Da ist nur ein Junge, der lernen muß, sich
selbst zu schützen und sich Respekt zu verschaffen.‹

Allein die Tatsache, daß ich Andy nicht mehr als ›Opfer‹ be-
trachtete, wirkte Wunder. Mir kam es jedenfalls wie ein Wunder vor, als ich sah, wie die Jungs auf meine neuen Erwartungen reagierten.« Ich holte tief Luft. Mir war nicht besonders
wohl bei dem Gedanken, das alles wieder ans Tageslicht zu
zerren.

»Es war an einem Samstagmorgen. Die Jungs alberten in der Küche herum. Ich machte gerade Frühstück und fühlte mich großartig und beglückwünschte mich selbst, weil sie sich so gut vertrugen. Aus dem Augenwinkel sah ich, wie David einen Löffel über die Kochplatte hielt, von der ich gerade einen Topf kochendes Wasser genommen hatte. Plötzlich sagte er zu Andy: ›Willst du mal sehn, wie heiß das wird? Komm her.‹ Als Andy dann zu ihm ging, packte ihn David und drückte ihm den glühendheißen Löffel an den Hals, auf die nackte Haut.

Andy brüllte vor Schmerz. Ich schrie. David lief aus dem Zimmer. Ich versorgte die Brandwunde, so gut es ging, und versuchte, Andy zu trösten. Dann ging ich ins Schlafzimmer und setzte mich.

Ich glaube, so deprimiert bin ich in meinem ganzen Leben noch nicht gewesen. Was David da getan hatte, war so eiskalt, so grausam, so berechnend und boshaft gewesen, daß ich mir wie ein Idiot vorkam, weil ich ihm vertraut hatte. Er würde sich nie ändern, egal, wie ich ihn sah. Er war mit einer Veranlagung zum Bösen auf die Welt gekommen. Er war wie ein schlechtes Samenkorn. Wir hatten nichts gemein.

Dann klopfte jemand an die Tür. Es war David.

Ich konnte kaum reden. ›Was willst du?‹ fragte ich.

Er gab keine Antwort. Er kam einfach rein und stand da, ganz klein und verängstigt.

Etwas in mir knackste. Ich weiß nicht, wo es herkam, aber ich hörte mich selbst sagen: ›Das war vielleicht dämlich! Dämlich! Dämlich! Dämlich! Du bist wie dein Onkel Stu.‹

›Onkel Stu?‹

›Ja, dein geliebter Onkel Stu. Der, der dich zum Fischen mitnimmt und so ein toller Typ ist. Aber als seine kleine Schwester kann ich dir sagen, daß er zu mir nicht so toll war. Er hat mir mal den gesplitterten Nagel an der großen Zehe abgerissen, das hat geblutet und gemein weh getan, und ich hab ihm versprechen müssen, daß ich meiner Mutter nichts erzähle.‹

David war von den Socken. ›Warum hat er das denn gemacht?‹

›Weil Kinder, wenn sie heranwachsen, herumexperimentieren und sich gegenseitig verrückte, bescheuerte, grausame Sachen antun. Aber das heißt noch lange nicht, daß sie selbst verrückt oder grausam sind.‹

Davids ganzes Wesen veränderte sich vor meinen Augen. Er hatte etwas Ungeheuerliches, Widerliches getan, aber wenn seine Mutter ihn nicht als Monster sah und aus seinem Onkel, der auch etwas Gemeines getan hatte, doch etwas geworden war, dann gab es vielleicht für ihn auch noch Hoffnung.

Nachdem David gegangen war, saß ich auf dem Bett und ließ mir den Vorfall immer wieder durch den Kopf gehen. Plötzlich kam mir der Gedanke, daß David anders zu sehen nur ein Teil der Sache war. Der andere Teil bestand darin, ein anderes *Verhalten* von ihm zu fordern und ihn anderenfalls zur Verantwortung zu ziehen. Das brauchte er von den Erwachsenen in seinem Leben.

Eine Woche später stellte er mich wieder auf die Probe. Er jagte seinen Bruder durchs Wohnzimmer und zog ihn auf, bis er weinte. Aber diesmal verzweifelte ich nicht. Statt dessen packte ich ihn an den Schultern, drehte ihn um und zwang ihn, mir in die Augen zu schauen. ›David‹, sagte ich wutentbrannt, ›du hast die Fähigkeit, unglaublich nett zu sein. *Gebrauch sie!*‹

Er grinste verlegen. Aber das Aufziehen hörte auf.«

Die ganze Gruppe schien von meiner Geschichte fasziniert. Jemand sagte: »Ich bin beeindruckt.« Es war die Frau, die das heftige Plädoyer für den unveränderlichen Charakter gehalten hatte.

Ich wandte mich an sie direkt: »Der Standpunkt, den Sie vorher vertreten haben, ist richtig: Kinder kommen mit verschiedenen Charaktereigenschaften zur Welt. Aber wir Eltern haben die Macht, diese Eigenschaften zu beeinflussen, der Natur ein bißchen unter die Arme zu greifen. Diese Macht müssen wir weise ausüben. Wir dürfen unsere Kinder nicht in Rollen drängen, die sie ersticken.«

Die Frau sah besorgt aus. »Aber ich hab keine Ahnung, wo

ich anfangen soll«, sagte sie. »Wie soll ich das bewerkstelligen? Ich will damit sagen, wenn ich bei meinen Jungs was verändern will, was Sie bei Ihren verändert haben, dann brauch ich mehr Anhaltspunkte.«

Ein Vater sagte: »Allmählich wird mir klar, daß das eine sehr komplizierte Sache ist. Wenn man seinem Kind helfen will, sich zu verändern, muß man bereit sein, auch den anderen dabei zu helfen.«

Ich hatte eine Idee: »Warum nehmen wir nicht einfach das Beispiel der zwei Kinder einer Familie, die entgegengesetzte Rollen spielen, und versuchen, herauszufinden, wie man sie beide von diesen Rollen loseisen kann?«

»Okay«, sagte er.

»Was sollen wir als Beispiel nehmen?« fragte ich.

Er zögerte eine Sekunde. »Wie wär's denn mit dem, worüber wir gerade geredet haben – wo ein Kind ein Schläger ist und das andere das Opfer? Das hab ich nämlich zu Hause mit meinem Sohn und meiner Tochter... wenn alle damit einverstanden sind?«

Der Vorschlag wurde sehr schnell angenommen. Offensichtlich war die Schläger-Opfer-Kombination weit verbreitet.

Ich überlegte, wie die Übung ablaufen sollte. Wir hatten in der vorigen Woche festgestellt, daß die Rolle eines Kindes in der Familie von drei Seiten festgelegt wird – von den Eltern, den anderen Geschwistern und dem Kind selbst. Deshalb hielt ich es für das beste, einen Vorfall zu nehmen, bei dem von allen drei Seiten Schaden angerichtet wird. Danach würden wir überlegen, was jeweils besser zu machen wäre. Es gab dabei zwei Ziele: den Schläger von seiner Rolle zu befreien, damit er Mitleid zeigen konnte, und das Opfer von seiner Rolle zu befreien, damit es stark sein konnte.

Hier ist das Ergebnis:

Keine Schläger mehr

Anstatt das Kind als ›Schläger‹ zu behandeln…

können die Eltern ihm zeigen, daß es auch höflich sein kann:

Wenn die anderen Geschwister ihn als ›Schläger‹ behandeln…

können die Eltern ihren Kindern zeigen, daß der Bruder auch ganz anders sein kann:

Wenn ein Kind sich selbst als ›Schläger‹ sieht…

können die Eltern ihm seine Fähigkeit, freundlich zu sein, vor Augen führen:

Keine Opfer mehr

Anstatt das Kind als ›Opfer‹
zu behandeln…

können die Eltern dem Kind zeigen,
wie es sich behaupten kann:

Wenn die anderen Geschwister
sie als ›Opfer‹ behandeln…

können die Eltern den Geschwistern
die Schwester in einem
ganz neuen Licht zeigen:

Wenn ein Kind sich selbst als
›Opfer‹ sieht…

können die Eltern ihm helfen, seine
vorhandene Stärke zu erkennen:

Wir waren sehr zufrieden mit den Beispielen, die wir erarbeitet hatten, aber auch überrascht, wie lange wir dazu brauchten. Es bedurfte einiger Überlegung, Antworten zu finden, die beiden Kindern die Möglichkeit gaben, sich anders zu sehen.

Ich schaute auf die Uhr. Wir hatten noch eine halbe Stunde Zeit und unser Thema bereits gründlich durchforstet. Nun schien ein günstiger Zeitpunkt, um unsere Gedanken zusammenzufassen. Ich verteilte Kopien des ›Spickzettels‹ (s. S. 136), den ich vorbereitet hatte, und sagte den Teilnehmern, sie sollten fünf Minuten Pause machen und sich die Beine vertreten.

Spickzettel

Niemand sollte ein Kind in eine Rolle zwängen

Die Eltern nicht

Anstatt: Johnny, hast du den Ball deines Bruders versteckt? Warum bist du immer so gemein?
Eltern: Dein Bruder möchte seinen Ball zurück.

Das Kind selbst nicht

Johnny: Ich weiß, ich bin böse.
Eltern: Du kannst auch nett sein.

Die Geschwister nicht

Schwester: Johnny, du bist gemein! Papi, er will mir seinen Tesafilm nicht leihen.
Eltern: Versuch's doch noch mal anders. Du wirst überrascht sein, wie großzügig er sein kann.

Wenn Johnny seinen Bruder angreift, greifen Sie nicht Johnny an, sondern kümmern Sie sich um den Bruder.

Eltern: Das tut sicher furchtbar weh. Ich puste mal. Johnny muß lernen, seine Gefühle mit Worten auszudrücken, nicht mit den Fäusten!

Keine Problemkinder mehr

Der Raum leerte sich. Einige gingen zur Toilette, andere blieben auf dem Gang und unterhielten sich. Ich setzte mich an meinen Schreibtisch und blätterte meine Notizen durch, um zu sehen, was wir als nächstes behandeln sollten. Eigentlich hatten wir alle wichtigen Punkte besprochen und noch einiges mehr. Ich überlegte, ob wir dieses Mal vielleicht früher Schluß machen sollten.

Plötzlich bemerkte ich, daß ich nicht allein war. Eine Frau stand vor meinem Schreibtisch und wartete, daß ich hochschaute. Sie schien sehr aufgeregt. »Kann ich mit Ihnen mal unter vier Augen sprechen?« flüsterte sie.

Ich bat sie, sich zu setzen.

»Mich hat diese Diskussion ungeheuer aufgeregt«, sagte sie. Sie sprach sehr schnell. »Sie unterstellen, daß man jedes Kind davon befreien kann, eine Rolle zu spielen. Das stimmt aber einfach nicht. Wie ist das bei einem Kind, das ernsthafte Probleme hat oder behindert ist? Die Behinderung wird selbst zur Rolle, und daraus kann man ein Kind nicht befreien.«

Ich wußte nicht genau, worauf sie hinaus wollte.

»Und keiner ist schuld«, fuhr sie mit zitternder Stimme fort. »Die Eltern haben keine Schuld. Ich hab meinem Sohn keine Lernschwäche gegeben. Auch nicht seine Geschwister. Und er selbst war es sicher auch nicht. Trotzdem ist er in seiner Rolle gefangen, und nichts und niemand kann daran etwas ändern!«

Das war ein Brocken. Es würde wohl nichts werden mit früher nach Hause gehn heute abend.

»Bitte«, drängte ich sie. »Über den Punkt, den Sie da angeschnitten haben, sollten wir, glaube ich, alle nachdenken. Glauben Sie, es wäre möglich, daß Sie Ihre Gedanken der ganzen Gruppe mitteilen?«

»Ich glaube nicht, daß sie... ich bin vermutlich die einzige hier, die ein... ja, also, wenn Sie wollen.«

Als alle wieder versammelt waren, wiederholte sie das, was sie vorher gesagt hatte, vor den anderen.

Sie hörten aufmerksam zu und entlockten ihr dann taktvoll noch einige Einzelheiten.

»Nun ja«, sagte sie zögernd. »Immer, wenn Neil etwas nicht versteht, bekommt er einen Anfall, tritt, flucht, macht verrückte Geräusche, und dann redet er davon, wie dumm er ist. Er sieht sich selbst als lernschwach. Das ist seine Rolle. Und die spielt er den ganzen Tag.«

Die Leute fingen an, unruhig hin und her zu rutschen. Mir war auch nicht wohl in meiner Haut. Ich hätte auf den Instinkt der Frau vertrauen sollen, ihre unglückliche Lage nicht vor Leuten darzulegen, die ihre Erlebnisse gar nicht verstehen konnten. Alle hier hatten normale Kinder mit normalen Problemen.

Eine Frau hob die Hand und sagte sehr langsam und behutsam: »Was Sie gerade beschrieben haben, ist mir sehr vertraut. Mein Sohn Jonathan hat eine Gehirnschädigung, und sosehr wir auch versuchen, ihm zu helfen, er ist ständig frustriert wegen der Dinge, die er nicht kann. Er ist ständig wütend – auf mich, seinen Vater, seine Schwester, aber am meisten auf sich selbst. Ich würde sagen, seine Identität ist sehr mit seiner Behinderung verknüpft.«

Keiner in der Gruppe sprach ein Wort. Alle waren wie erschlagen. Die Probleme, die diese Mütter vorgebracht hatten, schienen zu extrem für den Einsatz der Methoden, die wir besprochen hatten.

Jemand fragte sehr vorsichtig Jonathans Mutter: »Wie reagiert Ihre Tochter denn auf all das?«

»Oh, Jennifer ist wunderbar, einfach wunderbar! Ich muß mich kaum um sie kümmern.«

Fast alle sahen erleichtert aus. Bis auf einen Mann, der ein grimmiges Gesicht machte.

»Sicher ist sie wundervoll«, sagte er bissig. »Aber sie sollte sich nicht bemühen müssen, wundervoll zu sein. Das ist nicht fair. Sie sollte ohne jede Scheu Ansprüche stellen können. Und nicht auf Zehenspitzen durch ihre Kindheit schleichen müssen, um die Probleme ihres Bruders auszugleichen.«

Einige Leute schienen über die Härte seiner Worte entsetzt zu sein. Er ignorierte das einfach und sprach weiterhin nur zu Jonathans Mutter. »Ich spreche aus Erfahrung. Mein jüngerer Bruder war ein kränkliches Kind. Mit sieben hatte er Asthma, mit dreizehn bekam er Magengeschwüre. Meine Eltern beschäftigten sich nur mit Donalds Krankheiten. ›Donalds Asthma ist heute besser.‹ . . . ›Donalds Magengeschwüre sind heute wieder schlimmer.‹ Was ich brauchte, interessierte keinen. Eine Geschichte werde ich nie vergessen: Ich war vierzehn und bat meinen Vater um Geld fürs Kino. Er war außer sich. Er sagte: ›Wie kannst du überhaupt dran denken, ins Kino zu gehn, wenn dein Bruder so krank ist!‹«

Jonathans Mutter war sichtlich betroffen.

»Schaun Sie«, sagte er, »ich will das, was Sie durchmachen, nicht bagatellisieren. Aber Sie können mir glauben, ich war eins dieser ›wundervollen‹ Kinder. Die Rolle ist lausig. Ständig wundervoll zu sein ist Streß. Kinder haben ein Recht darauf, normal zu sein – und darauf, daß ihre normalen Bedürfnisse genauso wichtig sind wie die der Problemkinder.«

»Ich bin mit einer behinderten Schwester aufgewachsen«, sagte eine Frau verbittert, »und ich weiß genau, was Sie meinen.«

Ihre Bemerkung überraschte mich. Offensichtlich gab es hier mehr als eine Person, die unmittelbare Probleme mit schwierigen Geschwistern hatte.

»Meine Eltern«, fuhr die Frau fort, »gaben mir das Gefühl, ich bräuchte keine Zuwendung, weil ich normal war. Aber meine Schwester wurde hinten und vorne bedient, weil sie im Rollstuhl saß. Ich hab immer gespürt, daß sie das ausnutzte und sich hilfloser gab, als sie eigentlich war. Immer, wenn ich um etwas bat, sagten meine Mutter und meine Großmutter: ›Du solltest dich schämen. Deine Schwester braucht so viel mehr als du.‹ Und dann haben sie sich gewundert, wenn ich nicht nett zu ihr war!«

»Nun ja«, sagte ich langsam und versuchte, das Gehörte zu verarbeiten, »dann scheint es doch wohl tatsächlich so, als würde etwas Bestimmtes in Gang gesetzt, wenn ein Kind, aus welchem Grund auch immer, als ›Problemkind‹ betrachtet wird:

- Das Problemkind wird noch mehr zum Problem.
- Die betroffenen Eltern fangen an, Anforderungen an die ›normalen‹ Kinder zu stellen, als Ausgleich für die Belastung mit dem Problemkind.
- Die Bedürfnisse der normalen Geschwister werden beiseite geschoben.
- Bei den normalen Geschwistern bauen sich negative Gefühle gegenüber dem Problemkind auf.

»Wie in aller Welt«, fuhr ich fort, »soll man denn eine gute Beziehung zu Geschwistern haben, die man haßt, wenn man obendrein noch Schuldgefühle hat, weil man sie haßt?«

»Man hat eben keine gute Beziehung«, sagte der Mann. »Das ist es ja gerade.«

Mein Kopf war wie leer gefegt. »Wo sehen Sie dann eine Lösung?« fragte ich.

Er antwortete mit Nachdruck: »Genau darin, was wir schon die ganze Zeit sagen: Legen Sie Ihre Kinder nicht auf Rollen fest. Betrachten Sie sie als ganze Menschen. Warum sollte bei einem behinderten oder kränklichen Kind alles anders sein? Mein Bruder Donald bestand aus mehr als nur seinem Asthma und seinen Magengeschwüren.«

Die Frau, deren Schwester an den Rollstuhl gefesselt war, äußerte sich genauso heftig: »Ich würde sagen, behandeln Sie alle Kinder wie normale Menschen. Auch Kinder mit ernsthaften Problemen. Sie sind zu viel mehr fähig, als wir ihnen zutrauen.«

Sie klangen sehr überzeugt. Die Theorie war schön. Aber war sie praktisch durchführbar? War es wirklich realistisch zu glauben, man könne behinderte Kinder behandeln, als wären sie im Grunde normal und okay, besonders, wenn sie gerade wieder ihr ›Problemverhalten‹ an den Tag legten? Das schien mir eine ungeheure Herausforderung zu sein.

»Schaun wir doch mal, ob das machbar ist«, sagte ich zur Gruppe. »Nehmen wir dieselben Situationen, die Sie vorhin erwähnt haben – das Kind mit der Behinderung, das vor Wut schreit, das Kind, das sich von seiner eigenen Lernschwäche niedergeschmettert fühlt, das Kind im Rollstuhl, das sich hilfloser gibt, als es ist – und versuchen wir, ob wir in diesen schwierigen Situationen alle Kinder in der Familie behandeln können, als wären sie ›normal‹.«

Nach langem Hin und Her kamen wir zu diesem Ergebnis:

Keine Problemkinder mehr. Anstatt uns auf die Schwächen der Kinder zu konzentrieren, konzentrieren wir uns auf ihre Stärken.

Anstatt so…

besser so…

Anstatt so…

besser so…

Anstatt so…

besser so…

Aus all unserer Arbeit und unseren Diskussionen hatte sich in der Gruppe eine neue Überzeugung herausgebildet. Einige Leute bemühten sich, sie in Worte zu fassen. Jeder baute auf den Gedanken der anderen auf:

»Ich hab jetzt eingesehen, daß es Aufgabe der Eltern ist, den Ton anzugeben und klarzustellen, daß keiner in der Familie ›das Problemkind‹ ist.«

»Einige von uns haben vielleicht stärkere Bedürfnisse oder höhere Ansprüche, aber jeder von uns hat das Bedürfnis, akzeptiert zu werden.«

»Und jeder von uns hat die Möglichkeit, zu wachsen und sich zu ändern.«

»Das soll nicht etwa heißen, wir hätten dann keine Probleme. Aber wir werden uns mit jedem Problem befassen, wenn es auftaucht. Das Wichtigste ist, daß wir an uns selbst glauben.«

»Und uns gegenseitig vertrauen.«

»Und uns gegenseitig unterstützen, wie ein Team. Und darum geht's in einer Familie.«

Ich ließ meinen Blick durch den Raum schweifen. Ich konnte förmlich sehen, wie sich der Entschluß in den Gesichtern der Leute abzeichnete. Bei diesem Treffen war ein gutes Saatkorn gepflanzt worden, und ich fragte mich, was wohl dabei herauskommen würde.

Spickzettel

Kinder mit Problemen müssen nicht als Problemkinder behandelt werden.

Sie brauchen:

die Annahme ihrer Wut und Enttäuschung:

»Das hier ist nicht leicht. Es kann sehr frustrierend sein.«

Anerkennung für das, was sie geschafft haben, egal, wie unvollkommen:

»Diesmal hättest du's fast geschafft.«

Hilfe bei der Konzentration auf Lösungen:

»Das ist knifflig. Was würdest du in einem solchen Fall machen?«

Die Geschichten

Das Saatkorn ging auf. Die bloße Vorstellung, daß es als Eltern in unserer Macht stand, unseren Kindern zu helfen, sich aus dem Gefängnis festgelegter Rollen zu befreien, regte die Phantasie der ganzen Gruppe an. Plötzlich waren der Entwicklung eines Kindes keine Grenzen mehr gesetzt. Gruppenmitglieder berichteten, in ihren Familien hätten unglaubliche Ereignisse stattgefunden, als sie sich einmal entschlossen hatten, ihre Kinder mit neuen Augen zu sehen:

Schon als kleines Kind war Claudia immer ›organisiert‹. Sie gehörte zu den Kindern, die, ohne daß jemand ein Wort sagte, ihre Klötze aufheben und wegpacken – und noch der Größe nach geordnet. Gretchen ihrerseits ist total zerstreut. Sie räumt nie etwas weg und weiß nie, wo etwas ist. An diesem Wochenende entdeckte ich, daß meine Speisekammer ein totales Chaos war. Ich wollte schon automatisch sagen: ›Los, Claudia, du bist mein Organisator. Das ist ein Job für dich.‹
Aber ich tat's nicht. Ich ging statt dessen zu Gretchen und sagte:
»Gretchen, ich halt das nicht mehr aus. Mit der Speisekammer muß was passieren. Kannst du mir helfen?«
Sie sagte: »Okay«, und dann holte sie alles aus der Speisekammer heraus: Schachteln, Marmeladengläser, Tüten, Dosen, Küchengeräte. Ich bin furchtbar nervös geworden, weil ich dachte: ›Sie wird dieses Durcheinander nie wieder da rein kriegen, und ich muß es wieder machen.‹
Aber weit gefehlt. Sie ließ nicht locker, bis auch das letzte Regal geschrubbt war und alles perfekt geordnet wieder an seinem

Platz stand. Sie hat sogar in einer Schublade ein Eckchen für meine Einkaufstüten gefunden. Jetzt habe ich mehr Platz als vorher.
Hält man das für möglich? Mein kleines zerstreutes Huhn hat das fabelhaft gemacht!

———

Wir dachten, wir würden Michael einen Riesengefallen tun, weil wir ihm immer sagten, wie ›erwachsen‹ er schon sei. Immer hieß es: »Mami, Papi, unser großer Junge *und das Baby.«* *Aber letzte Woche hatten Kay und ich ein langes Gespräch, und dabei entdeckten wir, daß wir Michael um seine Babyrolle betrogen hatten. Als zum Beispiel das Baby anfing, zu krabbeln, haben wir gesagt:* »He, schaut mal, wie schnell es ist!« *und furchtbar viel Aufhebens drum gemacht. Als Michael seiner Schwester hinterherkriechen wollte, haben wir ihn festgehalten und ihm gesagt, so benähme sich ein großer Junge nicht.*
Also starteten wir eine Kampagne. Als erstes wurden die Etiketten abgeschafft. Kein »großer Junge« *und kein* »Baby« *mehr. Jetzt gibt's nur noch Michael und Julie. Und ich glaube, es hat geholfen. Gestern hatte ich Julie auf einem Knie, und Michael kletterte am anderen hoch. Er hüpfte auf und ab und sagte:* »Ich bin Superbaby!« *Dann schaute er mich an, um zu sehen, wie ich reagiere. Ich lächelte und sagte:* »Hallo, Superbaby!« *Seither ist es sein Lieblingsspiel, auf meinem Schoß zu sitzen und das Superbaby zu spielen, das aus der Klinik nach Hause gekommen ist und schon reden, gehen, laufen und schwimmen kann!*

———

Das ist mein erster Versuch, Hal (dem Schläger) und Timmy (dem Schwächling) zu helfen, sich selbst anders zu sehen. Ich höre Geräusche aus dem Schlafzimmer, die mir nicht gefal-

len. Ich schaue nach. Hal sitzt grinsend auf Timmy, der am Boden liegt. Ich will losbrüllen: »Hal, geh sofort runter von ihm! Sofort! Du Elefant bringst ihn ja um!« Aber dann erinnere ich mich.

ICH: *(versuche, lässig zu klingen)* Timmy, ist das nicht toll, daß du einen Bruder hast, der dir zeigt, wie man schlägert, ohne dir dabei weh zu tun? *(Hal ist sehr erstaunt.)*

ICH: *Und Timmy, gut, daß du so hart im Nehmen bist und das aushältst. (Jetzt ist Timmy sehr erstaunt.)*

Ich geh aus dem Zimmer und schicke ein Stoßgebet zum Himmel. In den nächsten paar Minuten hört man Bum, Peng, aber keine Schreie. Dann kommt Timmy heulend in die Küche. Hal ist dicht hinter ihm.

TIMMY: *Er hat mir weh getan!*

ICH: *(nicht sicher, ob ich durchhalte) Sag's Hal. Dann merkt er schon, daß er nicht so grob sein darf.*

TIMMY: *Hab ich schon!*

ICH: *Dann sag's ihm noch mal. Sag ihm, du kämpfst nicht mit ihm, wenn er nicht auf dich hört.* Er muß versprechen, aufzuhören, wenn du sagst, es tut weh. *Hal ist nicht dumm. Das wird er schon verstehen.*

Sie schauen sich an und laufen dann zurück ins Schlafzimmer. Ein paar Sekunden später ein durchdringender Schrei. Ich rase zum Schlafzimmer. Noch ehe ich die Tür erreiche, höre ich...

HAL: *Tut mir leid. Ich hab gesagt, es tut mir leid. Du darfst mich auch schlagen. Au, nicht so fest! Komm her, ich zeig dir den Polizeigriff.*

Gepolter. Dann KRACH!

Ich öffne die Tür. Das Bücherregal ist umgefallen, und alle Spiele, und Bücher sind auf dem Boden verstreut.

ICH: *Jetzt bin ich aber sauer! Auf euch* beide! *Ich will keinen von euch sehen, bis das ganze Zimmer wieder aufgeräumt ist!*

Sie kichern schuldbewußt und fangen an, Bücher aufzuheben. Zum ersten Mal sind sie im selben Team – Verbündete bei einer Missetat.

Ich gehe mit grimmigem Gesicht aus dem Zimmer, aber innerlich strahle ich!

Wenn sich Eltern erst einmal bewußt sind, wie stark ihre Worte und ihre Haltung ein Kind in eine Rolle zwängen können, dann haben sie ein besseres Ohr für das, was Geschwister zueinander und übereinander sagen. Vor der Sitzung hätten sie vielleicht übersehen, daß ein Kind das andere auf eine Rolle festlegt, jetzt lassen sie das nicht mehr durchgehen. Hier sind ein paar Dialoge aus den aufgeschriebenen Geschichten:

BILLY: (zu mir, im Beisein seines Bruders Roy) Ich bin nicht wie Roy. Der ist schüchtern. Ich begrüße die Leute.
MUTTER: Das klingt, als ob du es gern machst. Wenn Roy sich erst einmal dazu entschließt, die Leute zu begrüßen, dann wird er das auch gern machen.

ALEX: Mami, Zachary ist so pingelig. Der wollte den Thunfisch nicht mal probieren.
MAMI: Zach weiß schon, was er will. Er wird's schon noch probieren.

PHILIPP: (zu seiner kleinen Schwester) Böses Mädchen!
VATER: He, ich mag das nicht, wenn jemand das zu einem meiner Kinder sagt. Wenn du nicht magst, daß Katy an deinem Teddybär rumkaut, dann gib ihr ihren Beißring.

KAREN: Mami, ich hab mein Pausengeld verloren.
SCHWESTER: Schon wieder?
KAREN: Es ist nicht meine Schuld. Meine Tasche hat ein Loch.
SCHWESTER: Du bist so schlampig.
MUTTER: So seh ich dich nicht, Karen. Ich glaube, du mußt einfach einen sicheren Platz für dein Geld finden.

Schließlich kamen die Eltern immer mehr zu der Überzeugung, daß die Beziehungen zwischen allen Kindern leiden, wenn man ein Kind in einer negativen Rolle sieht. Sie bemühten sich noch mehr, das Positive bei jedem Kind und in der Familie als Ganzem zu fördern.

Meine jüngste Tochter Rachel war schon immer sehr anhänglich – und ist es jetzt noch mehr, seit ihre Mutter und ich geschieden sind. Ihre Schwestern machen alles noch schlimmer, weil sie sie »lästiges Baby« und »Nervensäge« titulieren.
Ich fragte mich, was ich dagegen tun könnte, und da fiel mir eine Übung aus einem Kurs für soziale Beziehungen ein, die »Aufputsch-Übung« hieß. Wir mußten damals drei Sachen aufschreiben, die uns an den anderen Studenten gefielen. Ich werde nie vergessen, was für ein tolles Gefühl es war, als ich auf der Liste sah, was die Leute über mich geschrieben hatten.
Am nächsten Wochenende, das die Mädchen mit mir verbrachten, sagte ich ihnen, sie sollten Kissen nehmen und sich im Wohnzimmer auf den Boden setzen. Dann erklärte ich ihnen, daß wir heute etwas Besonderes machen würden. Jeder von uns müsse abwechselnd drei Sachen sagen, die uns an den anderen gefielen, und ich würde alles aufschreiben, für jede auf ein eigenes Blatt. Wir wollten mit Rachel anfangen.
Amy sagte: »Rachel ist nett.«
Ich sagte: »Das mußt du schon etwas genauer ausdrücken.«
Amy setzte dazu: »Mir gefällt, wie Rachel ins Zimmer kommt und lacht und mir von einer komischen Sendung erzählt, die sie gerade gesehn hat.«
Rachel begann zu lächeln.
»Noch was«, sagte ich.
»Mir gefällt, wie Rachel mich bittet, ihr was vorzulesen.«
Ich sammelte noch sechs weitere Bemerkungen über Rachel. Dann gingen wir die anderen Mädchen an. Die Bemerkungen wurden immer konkreter:
EMILY: Mir gefällt, daß Rachel so viel Phantasie hat, wenn sie mit ihren Puppen spielt und sie so gescheite Sachen sagen läßt.

AMY: *Mir gefällt, daß Rachel so höflich ist, wenn sie zum Bei-*
spiel sagt: »Bitte, gib mir doch mal die Kartoffeln.«
RACHEL: *Ich mag, wenn Emily zu mir ins Zimmer kommt,*
wenn's mir schlechtgeht, und sagt: »Was ist los, Rachel?«, und
sie legt dann den Arm um mich.
Je länger es dauerte, desto begeisterter wurden sie voneinander.
Dann fragte Amy: »Könnten wir auch Sachen sagen, die wir an
uns selbst mögen?«
Ich sagte: »Klar« und schrieb noch mehr Sachen auf die Liste
jedes Mädchens.
AMY: *Wenn eine streunende Katze Angst hat, dann kann ich ru-*
hig mit ihr reden und sie beruhigen.
EMILY: *Ich mag, wie ich Rachel Spiele beibringe.*
RACHEL: *Ich mag, wie ich mir selbst die Haare kämme.*
Das ganze restliche Wochenende hackte keiner mehr auf Ra-
chel rum. Und vor ihrer Abfahrt packte jedes Mädchen sorgfäl-
tig die Liste in die Tasche.

––––

Als Jonathan, der jetzt viereinhalb ist, noch ein Baby war, ent-
deckten wir, daß er Muskelataxie hatte. Wir alle wußten, daß
wir viele Konzessionen machen mußten. Aber das Schwerste
für uns war überraschenderweise, unsere Aktivitäten in der Na-
tur aufzugeben. Bis dahin waren wir eine sportliche Familie ge-
wesen. Bill und ich sind wahnsinnig gern mit dem Rucksack
unterwegs, und Jennifer, meine Achtjährige, ist eine Super-
sportlerin. Sie hat ein wunderbares Gefühl für ihren Körper.
Sie läuft Schlittschuh, spielt Tennis, schwimmt und ist die
schnellste Läuferin in ihrer Schule.
Jennifer bettelte immer, doch am Wochenende mit ihr zum
Schlittschuhlaufen zu gehen, und einer von uns machte das
dann auch immer. Aber das bedeutete, daß der andere bei Jo-
nathan zu Hause bleiben mußte. Wir versuchten Jen zu erklä-
ren, warum ihr Bruder nicht regelmäßig Sport treiben konnte,
aber sie beklagte sich immer, er würde »alles kaputtmachen«.

Nach der letzten Sitzung kam mir der Gedanke, daß ich weder Jon noch Jen einen Gefallen tat, wenn ich ständig darauf achtete, was er nicht tun konnte, und von ihr verlangte, zu verstehen, daß ihr Bruder nicht wie andere Kinder, also »normal«, war. Am Samstagmorgen hielten wir einen Familienrat ab, und ich verkündete, wir würden ab heute für uns einen neuen Standard für »normal« festlegen. Jedes Familienmitglied würde völlig, ohne Einschränkungen, akzeptiert werden, wie es war. Jedes würde an Familienunternehmungen, Ausflügen und sportlicher Betätigung nach freiem Gutdünken und nach seinem Können teilnehmen. Dann zogen wir uns alle an und gingen Schlittschuhlaufen.

Jennifer war als erste auf dem Eis. Sie lief blitzschnell und ungeheuer graziös davon. Dann stieg Jonathan aufs Eis – mit geliehenen Schlittschuhen, einem Helm, einem Kissen vorne und einem Kissen hinten (mit Papis Gürtel zusammengebunden) und zwei Erwachsenen, die ihn festhielten – von beiden Seiten.

Wir brauchten fünfzehn Minuten, um einmal mit Jon um die Bahn zu laufen, aber er war begeistert. Jen schoß an die zwanzig Mal an uns vorbei und feuerte ihren Bruder an. Als wir die Bahn verließen, grinste Jon uns breit an und sagte: »Mensch, das habt ihr wohl nicht gedacht, daß ich so gut Schlittschuh laufen kann!«

6.
Wenn Kinder streiten

Wie man hilfreich eingreifen kann

Endlich war das Thema auf dem Tisch: streiten.

»Wirklich?« fragte eine Frau. »Kein Verschieben mehr? Auf diesen Augenblick hab ich seit unserem ersten Treffen gewartet.«

»Sagen Sie bloß, Ihre Kinder streiten immer noch!« sagte ich im Scherz.

Sie war nicht in der Stimmung für Scherze. »Nicht mehr so viel«, sagte sie ernst. »Ich mache vieles anders, und sie kommen wirklich besser miteinander aus. Aber wenn sie dann doch streiten, hab ich immer noch Mühe, es in den Griff zu kriegen.«

»Was rät man uns normalerweise, wenn Kinder streiten?« fragte ich die Gruppe.

»Raushalten«, antworteten mehrere Leute im Chor.

»Was noch?«

»Die sollen das untereinander ausmachen.«

»Warum?«

»Wenn man sich erst einmal eingemischt hat, wollen einen die Kinder immer mit hineinziehen.«

»Und wenn man immer ihre Streitigkeiten für sie ausbügelt, lernen sie nie, so was selbst in den Griff zu kriegen.«

»Also«, sagte ich, »dann sind Sie sich einig, daß es das Beste sei, wenn man die Zankerei möglichst ignoriert und sich sagt, daß die Kinder notwendige Erfahrungen im Beilegen von Meinungsverschiedenheiten machen.«

Die Frau, die unsere Sitzung eröffnet hatte, war mit meiner

Zusammenfassung nicht einverstanden. »Ich rede nicht von kleinen Zankereien«, sagte sie. »Ich rede von schreien und fluchen und Sachen durch die Gegend werfen. Das kann ich nicht einfach ignorieren.«

»Genau darüber wollen wir heute abend sprechen«, sagte ich, »nämlich, wie man hilfreich in Streitereien eingreifen kann, wenn man das Gefühl hat, daß es nötig ist. Aber ich halte es zuerst einmal für wichtig, uns einen Augenblick zu überlegen, ob es vielleicht noch andere Gründe für Streitereien gibt, die wir bis jetzt noch nicht besprochen haben.«

Dazu hatte ich offenbar eine Gruppe von Experten vor mir. Die Antworten kamen Schlag auf Schlag:

»Meine Tochter streitet über Sachen, die anderen Kindern gehören – was immer sie hat, gehört ihr, und was immer ihr Bruder hat, sollte eigentlich auch ihr gehören.«

»Meine kämpft um ihr Revier – ›Papiiii, er hat seinen Fuß in mein Zimmer gestellt!‹«

»Ich weiß, ich habe immer mit meiner Schwester gestritten, damit mein Vater meine Partei ergreift. Er sollte beweisen, daß er mich mehr liebt.«

»Das hört sich vielleicht etwas weit hergeholt an, aber ich glaube, Geschwister verschiedenen Geschlechts fangen oft Streit an, um mit den sexuellen Gefühlen, die sie möglicherweise für den anderen empfinden, fertig zu werden. Es ist eine Art, einen gewissen Sicherheitsabstand herzustellen.«

Einige Leute zogen die Augenbrauen hoch, aber keiner sagte etwas dagegen. Die Liste wurde immer länger:

»Manchmal fangen Kinder Streit an, weil sie auf sich selber sauer sind und sonst niemand da ist, an dem sie es auslassen können.«

»Oder weil sie auf einen Freund sauer sind und ihn nicht hauen können. Dann hauen sie eben ihren Bruder.«

»Oder weil sie der Lehrer in der Schule angeschrien hat.«

»Oder weil sie nichts Besseres zu tun haben. So ist es bei meinem Sohn und seiner kleinen Schwester. Er reizt sie, weil er sich langweilt. Er sagt: ›Weißt du, daß dir die Beine abfallen werden? ... Hast du gewußt, daß du als kleiner Hund auf die Welt gekommen bist?‹«

»Mein Sohn legt sich mit seinem kleinen Bruder an, damit er sich groß und stark fühlt. Einmal, als er ihn gerade wieder schikanierte, sagte ich eher sarkastisch: ›Mensch, das ist aber toll, den kleinen Bruder zu schikanieren, was?‹ Er antwortete: ›Ja, da krieg ich Kraft. Die brauch ich fürs Fußballspielen.‹«

»Meine Kinder streiten, weil sie den Zirkus genießen, den ich veranstalte. Zwei Minuten, nachdem ich sie ins Bett gebracht habe, hör ich: ›Mammmiii! Er ist in meinem Zimmer!‹ Ich rase die Treppe hoch und schreie: ›Was ist los? Aufhören! Aufhören! Aufhören! Aufhören!‹ So ging das wochenlang, bis ich herausfand, was sich da abspielte. Sie gaben schließlich zu, sie würden an die Wand zwischen ihren Zimmern schlagen und so tun, als würden sie sich schlagen. Das Ganze wurde nur inszeniert, um mich bis zu sechsmal in einer Nacht die Treppe hochzujagen. Sie fanden das toll.«

Die Geschichte wurde mit Gelächter und auch ein paar Seufzern quittiert.

»Bei mir zu Hause ist das nicht zum Lachen«, sagte die Frau, die die Diskussion begonnen hatte. »Die Jungs tun Dinge, die mir angst machen. Neulich haben sie sich mit schweren Holzklötzen beworfen. Als ich den Streit geschlichtet und sie in ihre Zimmer geschickt hatte, bekam ich solche Kopfschmerzen, daß ich mich hinlegen mußte. Als ich dann mit einem Waschlappen auf dem Kopf im Bett lag, hörte ich, wie die beiden lachten und wieder miteinander spielten. Ich dachte: ›Das ist ja toll! Wie schön für sie, daß sie sich wieder vertragen. Und ich hab eine Migräne.‹«

»Gegen diese Art von Kopfweh können wir etwas unternehmen«, sagte ich. »Wir könnten erst mal untersuchen, wie wir normalerweise reagieren, wenn Kinder streiten.« Ich bat um zwei Freiwillige – einen für den großen Bruder und eine für die kleine Schwester.

»Ich mach das«, sagte ein Mann und stand auf.

»Und ich«, sagte eine junge Frau und kam vor. »Ich bin immer noch die kleine Schwester in meiner Familie.«

Ich redete zuerst mit dem »großen Bruder«. »Du bist ungefähr acht Jahre alt. Der Vormittag war lang und verregnet, und du willst irgendwas tun. Plötzlich fällt dein Auge auf deine alten Bauklötze und einige Spielzeugtiere. (Ich gab ihm einen Beutel mit Klötzen und noch einen mit Plastiktieren.) Das ist eigentlich nur was für Kleinkinder, aber du hast eine Idee! Du wirst einen Zoo bauen, vielleicht mit einem Dschungel für die Affen und einem Becken für die Seehunde... Da gibt's ganz viele Möglichkeiten. «

Der Mann, der den älteren Bruder spielte, setzte sich auf den Boden und begann, die Tiere aufzustellen und die Gebäude zu bauen. Während er baute, nahm ich die »kleine Schwester« beiseite und flüsterte ihr zu: »Du weißt heute morgen auch nicht, was du mit dir anfangen sollst. Du hast mit diesen doofen Klötzen und den Tieren schon eine Ewigkeit nicht mehr gespielt. Aber jetzt siehst du, daß dein Bruder so viel Spaß daran hat, und du setzt dich neben ihn und sagst: ›Ich will auch mitspielen.‹«

Ich ging zurück an meinen Platz, und wir alle waren gespannt, was jetzt passieren würde.

Es dauerte keine Minute, und es zischte und funkte schon.

SCHWESTER: Ich will auch mitspielen.

BRUDER: Nein, ich bau einen Zoo, und ich will's allein machen.

SCHWESTER: (packt ein Zebra und zwei Klötze) Ich kann auch damit spielen, wenn ich will.

BRUDER: Nein, kannst du nicht. Gib's wieder her!

SCHWESTER: Kann ich doch. Es gehört mir!

BRUDER: Ich hab's zuerst gehabt!

SCHWESTER: Ich kann's auch haben, wenn ich will. Papi hat's mir genauso gegeben.

BRUDER: (packt ihre Hand und spreizt ihr mit Gewalt die Finger auseinander) Gib her!

SCHWESTER: Aua! Du tust mir weh!

BRUDER: Ich hab gesagt, gib's her!

SCHWESTER: Mamiii! Er tut mir weh! Sag, er soll aufhören! Mamiii!

Ich drehte mich zu den Eltern. »Wie reagieren Sie normalerweise in so einem Augenblick? Erst mal keine Beurteilung, bitte. Erzählen Sie einfach, was Ihnen als erstes in den Sinn kommt.«

»Ich lauf rein und sag ihnen, sie sollen aufhören.«

»Ich nehm ihnen das Spielzeug weg und schick sie beide in ihre Zimmer.«

»Ich sag ihnen, sie führten sich auf wie Tiere.«

»Ich versuch, sie dazu zu bringen, schön miteinander zu spielen.«

»Ich versuche, der Sache auf den Grund zu gehen und rauszufinden, wer angefangen hat.«

»Ich ergreif die Partei des Größeren. Er hatte die Sachen zuerst.«

»Ich bin für die Kleine und sag dem Großen, er soll sich was anderes zum Spielen suchen.«

»Ich sag ihnen, ihre Streiterei würde mich krank machen.«

»Ich sag ihnen, mir wäre egal, wer angefangen hat, sie sollen gefälligst damit aufhören.«

Ich sagte: »Wir haben hier jetzt eine ganz seltene Möglichkeit. Ich möchte, daß Sie das, was Sie gerade gesagt haben, zu unseren ›Kindern‹ hier sagen, damit Sie selbst hören können, wie sie drauf reagieren.«

Die Eltern gingen einzeln zu den streitenden Geschwistern und sagten ihr »Verslein« auf. Nach jeder Aussage »reagierten« die Kinder. Hier ist das Ergebnis in Bildern (ein Vater spielt dabei alle Möglichkeiten durch):

Wenig hilfreiche Reaktionen auf streitende Kinder.

Wenig hilfreiche Reaktionen auf streitende Kinder.

Als wir die Übung beendet hatten, war allen schmerzlich klargeworden, daß die Standardmethoden, die bei Kinderstreitereien eingesetzt wurden, nur zu mehr Frustration und Agression untereinander führten.

Ich wollte eine andere Möglichkeit vorführen. Zuerst beschrieb ich die Schritte, an die ich denken wollte, wenn ich mich in den Kampf stürze:

1. Nehmen Sie erst einmal die Wut des einen Kindes auf das andere ernst. Das allein sollte sie schon beruhigen.
2. Hören Sie jedem Kind aufmerksam zu.
3. Zeigen Sie Verständnis für die Schwierigkeit ihres Problems.
4. Zeigen Sie ihnen, daß Sie darauf vertrauen, daß sie allein zu einer Lösung kommen.
5. Gehen Sie aus dem Zimmer.

Hier sehen Sie nun wieder in Bildern, was passierte, als ich versuchte, entsprechend dieser Schritte vorzugehen:

Wie man hilfreich reagiert, wenn Kinder streiten.

Mensch, ihr seid aber sauer aufeinander!

Ja, sie hat mein Zebra geklaut, und ich wollte einen Zoo bauen.

Ich wollte auch damit spielen!

Es war also deine Idee, den Zoo zu bauen, und du wolltest es allein machen.

Genau.

Aber als du ihn spielen gesehen hast, wolltest du auch spielen.

Ja!

Ich seh schon. Hm... Das ist schwierig. Wenn zwei Kinder auf einmal dasselbe Spielzeug wollen.

Ich bin ganz sicher, wenn ihr zwei die Köpfe zusammensteckt, fällt euch sicher etwas ein, was ihr beide fair findet.

Während ihr dran arbeitet, werd ich die Zeitung lesen.

Kinder beim Lösen des Problems.

Als unsere Übung beendet war, bat ich unsere »Kinder«, mir ihre Reaktionen auf mein Eingreifen zu schildern.

BRUDER: Ich hatte das Gefühl, Sie respektieren mich und vertrauen mir. Mir hat auch gefallen, daß Sie sagten, die Lösung müßte für beide fair sein. Ich mußte also nicht nachgeben.

SCHWESTER: Ich bin mir erwachsen vorgekommen. Aber es war gut, daß Sie aus dem Zimmer gegangen sind. Wenn Sie das nicht getan hätten, hätte ich wahrscheinlich eine Schau abgezogen und wieder zu schreien angefangen.

Jetzt konnte die Gruppe Fragen stellen:
»Aber mal angenommen, die Kinder hätten nicht die leiseste Ahnung, wie man das Problem bewältigen kann? Meine zwei würden bloß dasitzen und sich anstarren.«
»In dem Fall sollten Sie ganz nebenbei ein oder zwei Lösungen anbieten, bevor Sie rausgehen. Zum Beispiel: ›Ihr könntet euch doch abwechseln... Oder zusammen mit den Sachen spielen. Redet drüber. Euch wird schon was einfallen.‹«
»Aber wenn sie's versuchen und sich dann doch wieder anschreien? Was dann?«
Ich wandte mich wieder als Mutter an unsere ›Kinder‹. »Ich werde etwas tun«, sagte ich, »das einem von euch vielleicht nicht gefällt. *Ich* werde bestimmen, wer was kriegt. Bruder, du kannst deinen Zoo weiterbauen. Schwester, du kommst mit und leistest mir Gesellschaft. Aber heute abend nach dem Essen müssen wir uns unterhalten. Wir müssen ein paar Regeln ausarbeiten für den Fall, daß eine Person mit etwas spielt und die andere Person auch damit spielen will.«
Der nächste Kommentar kam von der Frau mit der Migräne.
»Aber wir haben immer noch nicht den Fall behandelt, was zu tun ist, wenn Gefahr besteht, daß sich die Kinder gegenseitig weh tun.«
»Das werden wir jetzt sofort behandeln«, sagte ich. »Sie kommen ins Zimmer und sehen Ihren jüngeren Buben auf einem Stuhl stehen. Er droht seinem Bruder, ihm einen Lastwagen

aus Metall an den Kopf zu werfen. Und der ältere bedroht den jüngeren mit einem Baseballschläger.« – »Genau!« rief sie. »Das könnte bei meinen Kindern leicht passieren!«

»Leider«, sagte ich, »ist es bei meinen passiert, und die Bilder, die ich jetzt verteile, zeigen die Methoden, die mein Leben und das Leben der Jungen mehr als einmal gerettet haben.«

Jeder nahm bereitwillig das Blatt entgegen.

Wenn der Streit in Tätlichkeiten ausartet.

1. Beschreiben.

Ich sehe einen Jungen, der gerade ein Metallauto werfen will!

Und einen anderen Jungen, der mit einem Baseballschläger zuschlagen will. Und beide sind wütend!

2. Grenzen setzen.

Das ist eine sehr gefährliche Situation. Da müssen wir uns erst einmal beruhigen!

3. Die Kampfhähne trennen.

Also schnell! Du in dein Zimmer und du in deins!

»Am besten«, erklärte ich dazu, »hat mir an dieser Methode das Gefühl von Macht gefallen, das ich spürte. Meine laute, heftige Beschreibung dessen, was sie taten, erschreckte sie, und sie hörten auf. Meine mit starker Überzeugung ausgedrückte Haltung *In unserem Haus wird keinem weh getan* verdrängte ihre Wut aufeinander. Und am Ende sah ich, wie dankbar sie waren, eine Mutter zu haben, der es am Herzen lag, sie beide voreinander zu schützen.«

»Ihre Kinder hatten Glück«, sagte ein Mann wehmütig. »Mein Zwillingsbruder hat mich buchstäblich tyrannisiert, und meine Eltern haben sich nicht drum gekümmert. Sie haben es geschafft, in ihr eigenes Wohnzimmer zu kommen und zu sehen, wie ich gerade verprügelt wurde, und reagierten nicht, merkten es überhaupt nicht. Für sie war das einfach ›Kindergerangel‹. Ich hab mich immer gefragt: ›Wie können sie ihm das bloß durchgehn lassen? Warum können sie ihn nicht daran hindern?‹ Da waren diese großen, mächtigen Eltern. Man möchte doch meinen, sie hätten sich ihn mal vorknöpfen und ihm sagen können, daß er mich unter keinen Umständen als lebenden Sandsack benutzen dürfe. Aber irgendwie passierte das nie, oder zumindest nicht auf eine Art, daß es irgendeine Wirkung auf ihn hatte.«

»Ist es möglich«, fragte ein anderer Mann, »daß Ihre Eltern nicht gemerkt haben, was sich da abspielte? Vielleicht haben sie gedacht, es wäre nur ein Spiel? Ich weiß, daß bei meinen Kindern die Grenze zwischen Ernst und Spaß sehr schmal ist. Ich kann es oft kaum unterscheiden.«

»Wenn Sie sich nicht sicher sind«, sagte ich, »halte ich es für gut, wenn Sie sie direkt fragen: ›Ist das Spiel, oder ist das Ernst?‹ Manchmal antworten sie: ›Das ist Spiel‹, und zwei Minuten später hört man sie weinen. Das ist Ihr Stichwort, wieder zurückzugehen und zu sagen: ›Wie ich sehe, ist es jetzt doch Ernst geworden, und das laß ich nicht zu. Jetzt ist Schluß.‹«

»Aber was ist, wenn einer von ihnen sagt: ›Das ist Spiel‹, und der andere sagt: ›Nein, ist es nicht. Es ist Ernst! Der hat mir weh getan.‹«

»Das ist Ihre Chance«, antwortete ich, »eine weitere ›Hausregel‹ aufzustellen. *Raufereien zum Spaß nur im gegenseitigen Einverständnis.* Wenn einer die Rauferei nicht mehr mag, dann muß sie aufhören. Es ist sehr wichtig, den Grundsatz klarzumachen, daß das Vergnügen eines Kindes nicht auf Kosten des anderen gehen darf.«

»Ich wünschte, mein Vater und meine Mutter hätten das gewußt«, sagte eine Frau. »Die schlimmste Erinnerung an meine Kindheit ist, wie meine Brüder mich festhielten und mir das verabreichten, was sie die ›Kitzelfolter‹ nannten. Sie brachten mich so lange zum Lachen, bis ich kaum noch Luft bekam. Und meine Eltern haben sie gelassen. Sie haben gedacht, alle hätten Spaß dran. Keinem ist es eingefallen, mich zu fragen, ob es mir gefällt.«

»Ich bin ein bißchen verwirrt«, sagte ein anderer Vater. »Am Anfang dieser Sitzung haben wir gesagt, es wäre wichtig, sich aus Geschwisterstreitereien rauszuhalten. Aber seitdem hören wir nur, daß wir eingreifen sollen. Ich hab das Gefühl, ich krieg da zwei widersprüchliche Ratschläge.«

»Beide haben ihre Funktion«, sagte ich. »Kinder sollten die Freiheit haben, ihre eigenen Differenzen beizulegen. Kinder haben aber auch ein Recht darauf, daß Erwachsene, falls notwendig, eingreifen. Wenn ein Kind von einem anderen mißbraucht wird, körperlich oder mit Worten, müssen wir einschreiten. Wenn es ein Problem ist, das den ganzen Haushalt durcheinanderbringt, müssen wir einschreiten. Wenn es ein Problem ist, das trotz ihrer Versuche, es zu lösen, immer wieder auftaucht, müssen wir einschreiten.

Der Unterschied ist folgender: Wir mischen uns nicht ein, um einen Streit zu schlichten oder ein Urteil zu fällen, sondern um die blockierten Kanäle der Kommunikation zu öffnen, damit sie wieder miteinander umgehen können.«

»Was ist, wenn sie es nicht können?«

»Das kann passieren«, sagte ich. »Es gibt einige Probleme, die so gefühlsbeladen sind, daß Kinder nicht alleine mit ihnen fertig werden. Sie brauchen die Hilfe eines unparteiischen Erwachsenen. Und darüber werden wir uns nächste Woche unterhalten – wie wir unseren Kindern bei schwierigen Problemen helfen können.

Bis dahin haben Sie viel Neues auszuprobieren, und ich bin sicher, Ihre Kinder werden Ihnen genug Gelegenheit zum Üben geben.«

»Passen Sie auf«, sagte eine Frau, »diese Woche werden sie nicht streiten, bloß um mich zu ärgern.«

Ihr Mann beugte sich vor und legte beruhigend die Hand auf ihren Arm. »Bei unsern Kindern, Schätzchen, brauchst du dir da gar keine Sorgen zu machen.«

Spickzettel

Wie man sich bei Streit verhält

Stufe I: Normales Geplänkel

1. Ignorieren Sie's. Denken Sie an Ihren nächsten Urlaub.
2. Sagen Sie sich, Ihre Kinder seien gerade mitten in einer wichtigen Übung für Konfliktlösung.

Stufe II: Die Situation verschärft sich. Einmischung eines Erwachsenen könnte helfen

1. Erkennen Sie die Wut der beiden an:
»Das hört sich ja an, als wärt ihr furchtbar sauer aufeinander!«

2. Denken Sie über den Standpunkt jedes Kindes nach:
»Sara, du willst also das Hundebaby weiter auf dem Arm behalten, weil es sich gerade so schön hineingekuschelt hat. Und du, Billy, du findest, du bist jetzt auch mal an der Reihe.«

3. Nehmen Sie das Problem ernst, und beschreiben Sie es:
»Das ist ganz schön schwierig: zwei Kinder und nur ein Hundebaby.«

4. Vermitteln Sie das Gefühl, daß die Betroffenen selbst eine Lösung finden können:
»Ich vertraue darauf, daß ihr zwei selbst eine Lösung findet, die euch beiden fair erscheint... und die auch fair gegenüber dem Hund ist.«

5. Verlassen Sie das Zimmer.

Spickzettel

Stufe III: Die Situation ist potentiell gefährlich

1. Fragen Sie:
»Ist das mit dem Kämpfen jetzt Spaß oder Ernst?«
(Kämpfe zum Spaß sind gestattet. Richtige Kämpfe nicht.)

2. Machen Sie den Kindern klar:
»Kämpfe zum Spaß nur in beiderseitigem Einverständnis.« (Wenn es nicht beiden Spaß macht, muß es aufhören.)

Stufe IV: Situation wirklich gefährlich! Erwachsenenintervention notwendig

1. Beschreiben Sie, was Sie sehen:
»Ich sehe zwei wütende Kinder, die sich gleich gegenseitig furchtbar weh tun könnten.«

2. Trennen Sie die Kinder:
»Zusammenbleiben ist jetzt zu gefährlich. Wir brauchen Zeit zum Abkühlen. Schnell, du in dein Zimmer, und du in deins!«

Wie man eingreift,
um nicht mehr eingreifen zu müssen

Am Anfang der nächsten Sitzung hatten wir einige Schwierigkeiten, klarzukommen. Einige Leute konnten es kaum erwarten, zu erzählen, was sie bei den Streitereien ihrer Kinder anders gemacht hatten. Andere wollten da weitermachen, wo
wir letzte Woche aufgehört hatten.
Also Spannung zwischen den beiden Lagern.
Ein Vater grinste und rief: »Fertig zum Kampf!« Ein andrer
schlug auf den Tisch und schrie: »Ich will erzählen, erzählen,
jetzt gleich!« Ich spielte mit. »Einige unter Ihnen können es
kaum erwarten, zu erzählen, wie gut sie die Lektion der letzten Woche gelernt haben.«
»Genau!« rief er.
»Und einige von Ihnen«, sagte ich und wandte mich an die anderen, »wollen unbedingt noch mehr Anleitung haben. Sie
wollen keine Geschichten hören, sondern mehr Informatio-
nen, wie man mit Streitereien fertig wird!«
Zustimmung und Gelächter in der Runde.
»Was tun wir in so einem Fall?« fragte ich.
Man einigte sich recht schnell darauf, »erwachsen« zu sein
und den leichteren Teil zurückzustellen. Wir wollten also zuerst die kniffligen Probleme angehen und in den letzten zwanzig Minuten der Sitzung Geschichten erzählen.
»Letzte Woche«, begann ich, »wurde festgestellt, daß einige
Kinder Probleme untereinander haben könnten, die zu
schwierig sind, als daß sie sie alleine lösen können. Aber wir
Erwachsene neigen dazu, Geschwisterstreitereien zu bagatel-

lisieren, sie als Kinderkram abzutun und zu hoffen, sie würden sich von selbst erledigen. Aber es ist sehr wichtig, sich klarzumachen, daß einige Probleme zwischen Brüdern und Schwestern sich eben nicht einfach von selbst erledigen. Sie bleiben bestehen und belasten die Kinder.

Woher ich das weiß? Weil Jugendliche, die ich interviewt habe, mir geradeheraus gesagt haben, wie unglücklich sie waren über das, was ihnen ihre Geschwister angetan haben.«

Ich schlug in meinem Notizbuch die Seite auf, auf der ich eine Liste zusammengestellt hatte: »Hier sind ein paar Zitate aus solchen Gesprächen:

›Meine ältere Schwester brüllt mich dauernd an, als wär sie meine Mutter.‹

›Mein Bruder sitzt immer bloß herum, während ich die ganze Arbeit mache. Er sagt, es wäre meine Aufgabe, weil ich ein Mädchen bin.‹

›Mein Bruder sagt, ich singe furchtbar, und läßt mich im Haus nie singen.‹

›Meine Schwester schikaniert mich, bis ich ihr eine runterhaue, und dann krieg ich Ärger.‹

›Mein Bruder ist gemein zu meinen Tieren. Er packt meine Hamster am Schwanz und läßt sie dann fallen.‹

›Wenn meine Eltern weggehen, kommandiert mich mein Bruder rum und tut mir weh, wenn ich nicht mache, was er sagt.‹

Als ich diese Kinder fragte, ob sie je versucht hätten, ihren Eltern etwas von diesen Schwierigkeiten zu erzählen, bekam ich immer die gleichen Antworten. Entweder: ›Sie hören mir nicht zu‹, oder: ›Sie sagen, ich dramatisiere alles‹, oder: ›Sie sagen, ich soll das mit meinem Bruder klären.‹«

Ich legte mein Notizbuch weg und sah ein paar sehr besorgte Gesichter in der Runde.

Dann kam eine lange Diskussion, in der wir uns einige schonungslose Fragen stellten: Wie konnten wir die eingefahrene Haltung überwinden und unsere Kinder ernst nehmen? Wie konnten wir uns selbst dazu bringen, den Kindern zuzuhören und die Kinder dazu bringen, sich gegenseitig zuzuhören?

Wir einigten uns schließlich auf folgendes Vorgehen (als Beispiel nahmen wir den Fall des Mädchens, das sich bei ihrem
Bruder beschwerte, weil er sie immer herumkommandierte
und ihr weh tat, wenn die Eltern nicht zu Hause waren):

Wie man Kindern hilft, einen schwierigen Konflikt beizulegen

*1. Berufen Sie ein Treffen der betroffenen Parteien ein und er-
klären Sie, warum es stattfindet.*

»Es gibt in dieser Familie etwas, was ungute Gefühle hervor-
ruft. Wir müssen versuchen, eine Lösung zu finden, die alle
zufriedenstellt.«

2. Erklären Sie allen die Grundregeln.

»Wir haben dieses Treffen einberufen, weil Janie ein Problem
hat. Zuerst hören wir uns an, was Janie zu sagen hat – ohne sie
zu unterbrechen. Wenn sie fertig ist, Bill, würden wir gerne
hören, was du dazu zu sagen hast, und dich wird auch keiner
unterbrechen.«

*3. Schreiben Sie die Gefühle und Anliegen jedes Kindes auf.
Lesen Sie das beiden Kindern vor, damit Sie sichergehen, sie
auch richtig verstanden zu haben.*

»Janie hat Angst, wenn wir ausgehen. Sie sagt, Bill ist gemein
zu ihr. Letztes Mal hat er den Fernseher ausgemacht, sie von
der Couch gestoßen und ihr den Arm verdreht.«

»Bill sagt, er hätte den Fernseher nur ausgemacht, weil sie zu
lange geschaut hat und ihm nicht zugehört hat. Er glaubt, er
habe sie nur ganz leicht am Arm gezogen und ihr überhaupt
nicht weh getan.«

4. Gestatten Sie jedem Kind, sich dazu zu äußern.

JANIE: Ich kann es beweisen, ich habe einen blauen Fleck am Arm. Und das Programm hätte nur noch fünf Minuten gedauert!

BILL: Der blaue Fleck ist schon alt. Und das Programm hatte gerade angefangen.

5. Fordern Sie dazu auf, so viele Lösungen wie möglich vorzuschlagen. Schreiben Sie alle Ideen ohne Wertung auf. Lassen Sie die Kinder zuerst reden.

BILL: Janie sollte auf mich hören, weil ich älter bin.

JANIE: Bill sollte mir nicht sagen dürfen, was ich machen soll und mir nicht weh tun.

ELTERN: Einen Babysitter nehmen.

BILL: Mich weggehn lassen.

JANIE: Mich eine Freundin einladen lassen.

BILL: Mami und Papi sollen, bevor sie weggehen, bestimmen, wie lange ferngesehen werden kann und wann wir schlafen gehn müssen.

JANIE: Jeder sollte selbst bestimmen können, was er machen will.

6. Suchen Sie die Lösungen heraus, mit denen alle leben können.

Kein Babysitter.
Nicht weh tun.
Kein Herumkommandieren.
Fernsehplan wird vorher von den Eltern festgelegt.
Jede Person ist für sich selbst verantwortlich.

7. Kontrollsitzung

»Wir setzen uns nächsten Sonntag wieder zusammen und schauen, ob es so läuft, daß alle zufrieden sind.«

Während der ganzen Diskussion hatte ein Mann grimmig vor sich hin gemurmelt. Als wir unsere Übung beendet hatten, machte ich ihm ein Zeichen, das Wort zu ergreifen.

»Was mich betrifft«, verkündete er, »so ist dieses ganze ›Schema‹ einfach zu lieb und zu nett. Wenn mein Sohn meiner Tochter das angetan hätte, wäre er nicht so leicht davongekommen. Ich hätte ihm klar und deutlich gesagt: ›Sollte ich noch einmal hören, daß du deiner Schwester ein Haar gekrümmt hast, während wir nicht zu Hause waren, dann kriegst du's mit mir zu tun, mein Junge.‹« Er machte eine Faust. »›Und das wird kein Vergnügen!‹«

Einige Leute waren offenbar der gleichen Ansicht und riefen: »Hört! Hört!«... »Man muß es dem Jungen zeigen«... »Durchgreifen!«

Dann kam die Gegenreaktion:

»Dann fühlen vielleicht *Sie* sich besser, aber Ihre Tochter ist dann eventuell noch gefährdeter. Ihr Sohn wird sicher irgendeine Möglichkeit finden, es ihr heimzuzahlen.«

»Nicht nur das. Was hat er dabei gelernt? Sich, was Disziplin angeht, auf den Vater zu verlassen, nicht auf sich selbst.«

»Und wieso glauben Sie so bereitwillig Ihrer Tochter und nicht Ihrem Sohn? Vielleicht ist *sie* diejenige, die lügt.«

Der Mann machte den Mund auf, um etwas zu erwidern, machte ihn dann aber wieder zu und schwieg.

Ein anderer Vater nahm den Faden auf. »Ich sehe nicht ein, warum eine Meinungsverschiedenheit zwischen Kindern immer eine lange ›Problemlösungssitzung‹ zur Folge haben soll. Meiner Meinung nach gibt es Situationen, in denen die Eltern einfach eingreifen müssen, selbst wenn das bedeutet, Partei zu ergreifen.«

»Wann zum Beispiel?«

»Zum Beispiel, wenn ein Kind unvernünftig ist.«

»Zum Beispiel?«

»Zum Beispiel letzten Sonntag. Wir wollten alle zusammen einen Radausflug machen. Ich hörte, wie mein Sohn meine Tochter anbettelte, ihm doch ihren alten Rucksack zu leihen.

Sie weigerte sich strikt. Sagte, er würde ihn ›kaputtmachen‹. Kaputtmachen? Das ist ein Witz. Das Ding ist reif für die Mülltonne, deshalb haben wir ihr ja einen neuen gekauft. Ich bin wütend geworden und hab gebrüllt: ›Du gibst jetzt deinem Bruder den Rucksack, und zwar sofort!‹«

»Hat sie's getan?«

»Das will ich meinen. Sie hat genau gewußt, wenn sie es nicht macht, muß sie zu Hause bleiben.«

»Wie hat sie darauf reagiert?«

»Sie hat eine Zeitlang geschmollt. Na und? Sie hat gelernt, daß man in einer Familie teilen muß.«

»Da würde ich nicht teilen lernen!« sagte eine Frau erbost. »Ich wäre wütend, wenn mir mein Vater so etwas angetan hätte. Sachen sind nicht einfach Sachen. Sie sind wie ein Teil von einem selbst, sie sind voller Erinnerungen. Ich hab einen mottenzerfressenen Pullover in meinem Schrank, den ich seit Jahren nicht mehr angehabt habe, aber ich würde ihn nie jemandem leihen. Meiner Schwester schon gar nicht. Wenn ich an Ihrer Stelle gewesen wäre, hätte ich die Partei Ihrer Tochter ergriffen.«

»So«, sagte ich, »jetzt haben wir also zwei verschiedene Standpunkte:

1. *Sie* ergreifen die Partei des Kindes, dem der Rucksack gehört.
2. *Sie* ergreifen die Partei des Kindes, das den Rucksack braucht.«

Ich verteilte das Material, das ich für diese Sitzung vorbereitet hatte. »Auf der ersten Seite mit den Bildern«, sagte ich, »sehen Sie, wie zwei Schwestern streiten – nicht wegen eines Rucksacks, sondern wegen einer Bluse. Die nächste Seite zeigt, was passiert, wenn die Eltern die Entscheidung treffen; entweder für den, dem die Sache gehört, oder für den, der sie braucht. Auf der letzten Seite sehen Sie dann, was passiert, wenn ein Elternteil eine Seite aufgrund einer Wertung unterstützt, aber die letzte Entscheidung den Kindern überläßt.

Ein Kampf um Besitztümer.

Was passiert, wenn Eltern die letzte Entscheidung fällen?

Was passiert, wenn Eltern eine Partei unterstützen, aber die endgültige Entscheidung den Kindern überlassen?

Mensch, ihr seid aber wütend aufeinander.

Ich brauch die Bluse für die Klassenparty, und ihr paßt sie sowieso nicht mehr.

Ich verstehe. Du willst sie also auf die Party anziehn?

Aber Mami, das ist meine Lieblingsbluse!

Du hängst immer noch an ihr, obwohl du schon rausgewachsen bist.

Nun ja, es ist deine Bluse und deine Entscheidung. Aber ihr zwei solltet das untereinander ausmachen.

Ich tausch mit dir. Du kannst eine ganze Woche lang meine Silberohrringe haben, wenn ich heute deine Bluse kriege.

Ich... also, ich weiß nicht... Okay, aber mach keine Flecken drauf.

Mensch, danke! Ich werd furchtbar aufpassen.

Ich ließ der Gruppe ein paar Minuten Zeit, sich die Bilder an-
zuschaun, dann wandte ich mich an den Vater, der seine
Tochter gezwungen hatte, ihren Rucksack herzugeben. »Was
halten Sie davon?« fragte ich.

Er zögerte. »Also, irgendwie hat die Mutter doch Partei ergriffen.

»Sie hat ihrer ältesten Tochter gesagt, sie müsse die Bluse
nicht herleihen. Strenggenommen hat sie gesagt: ›Teile
nicht.‹ Ich weiß nicht, was daran so toll sein soll.«

Zwei Hände schossen in die Höhe.

»Sie hat nicht gesagt: ›Teile nicht.‹ Sie hat nur klargestellt,
daß man Eigentumsrechte respektieren sollte. Das ist ein
Prinzip, das beide Kinder schützt.«

»Und indem sie die Rechte der älteren Tochter verteidigt hat,
hat die Mutter es überhaupt für sie möglich gemacht, das Ver-
leihen der Bluse an ihre Schwester in Betracht zu ziehen.«

Der Vater schüttelte widerwillig den Kopf. »Ich versteh immer noch nicht, wieso es so schlimm sein soll, Kindern beizu-
bringen, wie man teilt. Aber ich komm offensichtlich nicht
damit durch«, murmelte er.

»Ich versteh Sie«, sagte ich. »Und ich finde, Sie haben da einen sehr wichtigen Punkt angesprochen. Kinder sollten lernen, miteinander zu teilen, und zwar aus praktischen Gründen. Sie müssen lernen, alles zu teilen – Sachen, Lebensraum,
sich selbst, damit sie sich in dieser Welt zurechtfinden. Und
auch aus ideellen Gründen. Wir wollen unseren Kindern zeigen, wieviel Freude freiwilliges Geben bringen kann. Aber
wenn man Kinder *zwingt*, zu teilen, dann klammern sie sich
nur noch mehr an ihre Besitztümer. Erzwungenes Teilen ver-
ringert die Bereitschaft zum Teilen.

Gehen wir noch mal zurück an den Anfang dieser Diskussion
und zum eigentlichen Zweck dieses Kurses. Wir suchen Möglichkeiten, mit denen wir die Beziehungen zwischen unseren
Kindern verbessern können. Dazu gehören Möglichkeiten,
Streit weniger wahrscheinlich zu machen. Wenn die Eltern
die Einstellung haben: ›In diesem Haus entscheide ich, wer

teilen muß, wer was behalten darf, was vernünftig ist, was unvernünftig ist, was richtig und was falsch ist‹, dann werden die
Kinder noch abhängiger von ihren Eltern und noch feindseliger gegenüber ihren Geschwistern.

Eine andere Einstellung aber kann die Spannungen verrin-
gern und zur Harmonie beitragen: ›Wer braucht was? . . . Wer
empfindet was? . . . Welche Lösungen können erarbeitet werden, die den Gefühlen und Bedürfnissen aller gerecht werden?‹ Wir sind dabei nicht an Spitzfindigkeiten interessiert,
sondern am Wohlbefinden aller Familienmitglieder.

Wir haben nicht alle Antworten. Wir haben nur eine Richtung. Im Grunde genommen versuchen wir, uns nicht einzu-
mischen, aber wenn wir es müssen, dann immer mit dem Hin-
tergedanken, daß wir uns bei der ersten Gelegenheit wieder
zurückziehen und die Kinder selbst handeln lassen. Wir wollen sie erleben lassen, wie man Probleme löst. Das ist die beste Vorbereitung, die wir ihnen für ihr eigenes Leben geben
können.«

Ich warf einen schnellen Blick auf die Uhr an der hinteren
Wand des Zimmers. Es blieben nur noch ein paar Minuten bis
zum Ende der Sitzung.

»Wie's aussieht«, sagte ich, »haben wir nicht mehr viel Zeit
fürs Geschichtenerzählen übrig.«

»Was für Geschichten?« sagte eine Frau. »Ach ja, die wir uns
für den Schluß aufheben wollten. Das ist schon in Ordnung.
Die können bis nächste Woche warten. Ich hab eine Frage,
die ich schon lange stellen wollte.«

Noch jemand meldete sich.

»Ich auch. Was machen Sie, wenn . . .«

»Ich habe mich gefragt . . .«

Diese Gruppe war unermüdlich. Das Thema unerschöpflich.
Nur ich war k. o.

»Bitte«, sagte ich, »würden diejenigen, die Fragen haben, sie
aufschreiben, während ich zusammenpacke. Ich nehme sie
mit nach Hause und gebe Ihnen allen nächste Woche Kopien
meiner schriftlichen Antworten. Vergessen Sie nicht, sich
hier noch Ihre Spickzettel zu holen.«

Spickzettel

Wenn Kinder ein Problem nicht allein lösen können

1. Berufen Sie ein Treffen der gegnerischen Parteien ein. Erklären Sie den Grund und die Regeln.

2. Schreiben Sie die Gefühle und Anliegen jedes Kindes auf, und lesen Sie sie laut vor.

3. Räumen Sie Zeit für Stellungnahmen ein.

4. Fordern Sie alle auf, Lösungen vorzuschlagen. Schreiben Sie die Vorschläge ohne Wertung auf.

5. Suchen Sie die Lösungen heraus, mit denen alle leben können.

6. Kontrollbesprechung.

Spickzettel

Wie man auf Wunsch eines Kindes eingreift, ohne Partei zu ergreifen.

Jimmy: Papi, ich kann meine Karte für die Schule nicht fertigmachen. Sag ihr, sie muß mir ihre Farbstifte geben!
Amy: Nein, ich muß meine Blume fertig malen.

1. Die Position jedes Kindes beschreiben:

Also, Jimmy, du brauchst die Farbstifte, um deine Hausaufgaben fertigzumachen. Und Amy, du willst weitermalen.«

2. Den Wert oder die Regel festlegen:

»Hausaufgaben haben Vorrang.«

3. Lassen Sie eine Tür für Verhandlungen offen:

»Aber, Jimmy, wenn du mit deiner Schwester einen Kompromiß aushandeln willst, kannst du das gerne tun.«

4. Gehen Sie aus dem Zimmer.

Die Fragen

Es ist der Tag vor unserer letzten Sitzung. Mir fällt ein, daß ich ja noch die Fragen beantworten muß, die die Teilnehmer auf meinem Schreibtisch gelassen haben. Ich blättere den Stapel durch, und mir wird wieder einmal klar, wie unerschöpflich dieses Thema ist. Je mehr man drüber weiß, desto mehr will man wissen. Hier also die Fragen und meine Antworten dazu.

Wenn man das Teilen nicht erzwingen will, wie kann man es ihnen noch beibringen?

1. Indem man Kindern das Teilen selbst überläßt. (»Kinder, ich hab eine Flasche für Seifenblasen gekauft. Wie soll man die am besten teilen?«)
2. Indem man die Vorteile des Teilens unterstreicht. (»Wenn du ihr die Hälfte von deinem roten Wachsmalstift gibst und sie dir die Hälfte von ihrem blauen, dann könnt ihr beide lila malen.«)
3. Indem man ihnen Zeit gibt, sich innerlich mit einer Lösung anzufreunden. (»Lucy wird dir sagen, wenn sie bereit ist, zu teilen.«)
4. Indem Sie ihnen Ihre Freude zeigen, wenn spontan etwas geteilt wird. (»Danke, daß du mich von deinem Plätzchen hast beißen lassen. Es war köstlich.«)
5. Indem man mit gutem Beispiel vorangeht. (»Jetzt mußt du aber auch von meinem Plätzchen beißen.«)

*Wie soll man sich verhalten, wenn man merkt, daß ein älteres
Kind ein jüngeres bewußt ausnützt? Wenn mein Sohn und
meine Tochter mit Baseball-Karten spielen, dann behält sie immer die besten und gibt ihm die alten kaputten. Soll ich etwas zu
ihr sagen?*

Solange beide Parteien zufrieden sind, sollte man sich besser
raushalten. Vielleicht hilft es Ihnen, sich vor Augen zu führen, daß Ihr Sohn sich nicht ewig unterbuttern lassen wird. Er
wird sehr bald genauso groß, gewitzt und selbstsicher wie
seine ältere Schwester sein. Er wird lernen, den Mund aufzu-
machen und das zu kriegen, was er braucht. Schließlich hat er
ja eine exzellente Lehrerin.

*Bei uns im Haus ergeben sich oft Streitereien, weil einer der
Jungs den anderen verpetzt, um ihn in Schwierigkeiten zu bringen. Gibt es eine Möglichkeit, die Petzerei zu verhindern?*

Ja, indem Sie dem Petzer nicht die Genugtuung verschaffen,
auf seinen Bruder böse zu werden: »Was, das hat dein Bruder
getan? Sag ihm, er soll sofort herkommen!«
Wir verhindern Petzerei, wenn wir deutlich machen, daß wir
von jedem Verantwortung für sein eigenes Verhalten erwarten:
»Ich mag eigentlich nicht hören, was dein Bruder tut oder
nicht tut. Aber wenn du mir etwas von dir selbst erzählen
willst, dann hör ich gerne zu.«
Nach einiger Zeit begreifen die Kinder, daß sich Petzerei
nicht ›auszahlt‹.
Ausnahme: Wenn eins der Kinder etwas Gefährliches macht,
dann müssen die Eltern unbedingt informiert werden. Ein
Vater hat das zu seinen Kindern so gesagt: »Kinder, Petzen
mag ich nicht. Ich erwarte, daß ihr eure Schwierigkeiten untereinander klärt. Aber wenn jemand hier sieht, daß einer etwas tut, was gefährlich sein könnte, dann erwarte ich von

euch, daß ihr wie der Blitz zu Mami oder zu mir kommt. Wir müssen alle dafür sorgen, daß in dieser Familie niemandem etwas Schlimmes passiert.«

Gestern sind mir meine Kinder von einem Zimmer ins andere nachgelaufen und haben geschrien: »Ich bin dran!«... »Nein, ich bin dran!« Sie wollen anscheinend unbedingt ihre Streitereien auf meinem Rücken austragen. Irgendwelche Vorschläge?

Sie müssen genauso auf Ihren eigenen Bedürfnissen bestehen. Sie können ihnen sagen: »Ich weiß, wie wichtig es für euch beide ist, festzulegen, wer jetzt auf die Schaukel darf, aber ich brauche jetzt Ruhe. Ihr könnt das im Schlafzimmer oder draußen ausmachen. Nicht hier!«
Kinder haben ein Recht zu streiten, und Sie haben ein Recht, Ihre Nerven und Ihr Trommelfell zu schonen.

Was halten Sie davon, Kindern zu sagen, sie sollten ihren Streit durch das Werfen einer Münze schlichten?

Das Problem bei so einem Vorschlag ist die unterschwellige Aussage: Eure Gefühle und Gedanken sind nicht wichtig. Der Zufall soll über euer Schicksal entscheiden.
Ein anderes Problem beim Münzenwerfen ist, daß es immer einen Sieger und einen Verlierer gibt – normalerweise einen Verlierer, der sauer ist.
Ich hatte nur ein einziges Mal Erfolg mit *Kopf oder Zahl* – als nämlich alle anderen Lösungsversuche versagt hatten. Da fragte ich: »Was haltet ihr davon, wenn wir eine Münze werfen? Würdet ihr euch beide, egal, wie es ausgeht, dran halten?«

Letzten Sonntag haben meine Jungs sich in die Wolle gekriegt,
ob wir nun in den Park oder zum Strand gehen sollen. Hätte ich
eine Abstimmung aller Beteiligten vorschlagen sollen?

Abstimmungen können böses Blut machen, besonders, wenn
sie statt einer Anhörung des Standpunktes jedes Kindes gemacht werden.»Okay, verlieren wir keine Zeit mit Diskussionen. Wir stimmen ab. Park oder Strand? Vier für Strand, einer für Park. Strand gewinnt. Also los.« Kein Wunder, wenn
sich das Kind mit der einen Stimme bei dieser Art von ›Demo-
kratie‹ verraten und verkauft fühlt.

Immer, wenn ich keine Einigung durch Diskussion erzielen
konnte und gezwungen wurde, abstimmen zu lassen (weil wir
sonst den ganzen Tag hätten zu Hause bleiben und diskutie-
ren müssen, wie man den Tag verbringen könnte), sagte ich
danach immer, wenn sich das Jubelgeheul der Sieger gelegt
hatte, betont laut, was die Verlierer meiner Meinung nach
empfanden:»Wir gehn zum Strand, weil die Mehrheit dafür
gestimmt hat. Aber ich möchte, daß alle hier wissen, daß einer sehr enttäuscht ist. Andy hat sich heute wirklich auf den
Park gefreut.« Das hielt das Triumphgeschrei in Grenzen und
tröstete den Verlierer.

Es regt mich auf, wenn wir einen netten Tag mit den drei Mäd-
chen verbringen wollen, und sie zanken sich von morgens bis
abends. Können wir etwas dagegen tun?

Manche Kinder sind in manchen Lebensabschnitten besser
dran, wenn sie nicht zuviel mit ihren Geschwistern zusammen
sind. Sie brauchen getrennte Ausflüge, andere Freunde, andere Interessen, verschiedene Aktivitäten und Stunden allein
mit den Eltern. Wenn sie nicht so oft zusammen sind, dann
finden sie sich vielleicht auch wieder interessanter.

Mich macht es immer wieder fertig, wenn die Kinder endlich mal was Nettes getan haben und sich dann streiten, wer die beste oder die meiste Arbeit gemacht hat. Meine Tochter sagt dann: »Ich hab das ganze Geschirr abgewaschen.« Und mein Sohn: »Na und? Ich hab die Töpfe schrubben müssen und den Müll hinausgetragen.« Was macht man in so einem Fall?

Wenn Kinder Anerkennung heischen wollen für etwas, was sehr gut war, dann ist es eine wunderbare Gelegenheit für die Eltern, das gemeinsam Erreichte zu loben: »He, schaut euch bloß diese Küche an! Ihr zwei habt sie ganz alleine aufgeräumt! Ihr seid ein gutes Team!«

Nehmen wir mal an, wir wenden die Methoden an, über die wir in diesem Kurs geredet haben, und ein Kind macht dem anderen nach wie vor das Leben zur Hölle. Was dann?

Wenn die Beziehung eines Kindes zu seinen Geschwistern von Haß, heftiger Eifersucht und ständigem Wettbewerb geprägt ist, wenn es nie teilen kann und seine Geschwister physisch oder psychisch malträtiert, dann ist es ratsam, sich fachlichen Rat zu holen. Die Eltern sollten eine Einzeltherapie für das Kind oder eine Familientherapie in Betracht ziehen.

Die Geschichten

Auf der Fahrt zu unserer letzten Sitzung war ich sehr unruhig. Jetzt, am Ende des Kurses, hatte ich plötzlich große Zweifel. Hatten wir wirklich alles angesprochen? Hatte ich die Gruppe je davor gewarnt, wie gefährlich es war, ein Kind zum ›Vertrauten‹ zu machen, mit dem man die Probleme eines Bruders oder einer Schwester bespricht? Hatte ich je erwähnt, daß es nicht gut war, über ein anderes Kind zu sprechen, wenn man mit einem allein war? Hatte ich die traurige Tatsache vorgebracht, daß einige Kinder einfach nie miteinander auskommen, egal, wie geschickt die Eltern waren? Ich hatte doch auch noch sagen wollen, daß sogar in solchen Fällen durch die Anwendung gewisser Methoden die Sache wenigstens nicht noch verschlimmert werden kann?... Wenn man nur noch ein bißchen mehr Zeit hätte...

Als ich den Raum betrat, war die allgemeine Stimmung genau das Gegenteil von meiner. Die Leute unterhielten sich locker und entspannt. Es war wie am letzten Schultag vor den Ferien. Kein Unterricht mehr. Nur noch Geschichten vorlesen. Die Gelegenheit, sich gemütlich hinzusetzen und sich die Geschichten anderer Eltern über Geschwisterärger anzuhören. Die Heiterkeit der Gruppe war ansteckend. Meine Anspannung löste sich langsam.

Ich setzte mich hin, und wir fingen an. Die Geschichten reihten sich ganz natürlich aneinander. Sobald eine Person von der Anwendung einer bestimmten Methode sprach, erzählten die anderen ihre Erlebnisse dazu. Zum Beispiel zeigen die ersten zwei Berichte eine bewußte Entscheidung der Eltern, zum ersten Mal *nicht* den Streit ihrer Kinder zu schlichten. In beiden Fällen war seltsamerweise ein Stuhl der Zankapfel.

Ich war in großzügiger Stimmung und beschloß, den Kindern etwas Ungewöhnliches zu erlauben. Sie durften ihr Abendessen auf Picknicktischen im Wohnzimmer vor dem Fernseher essen.

Sie waren begeistert und stürmten hinein, um dort auf ihre Sandwiches zu warten. Als nächstes hörte ich Gekreische. Sie zankten sich um einen Stuhl. Nach einiger Zeit gab Jason auf, weil Lori, die älter und stärker ist, ihm den Stuhl einfach aus den Händen gerissen hatte.

Jason kam schreiend und weinend in die Küche. Er wollte, daß ich reingehe und den Stuhl für ihn in Beschlag nehme. Im ersten Moment wollte ich's auch tun, weil Lori immer ihren Willen durchsetzt. Aber statt dessen sagte ich: »Jason, ich seh ja, wie sauer du bist, ich glaube, du sollst es Lori sagen.«

Er ging zurück ins Zimmer, zu seiner Schwester. Man hätte ihn genausogut den Löwen vorwerfen können. Sie wurde immer ausfallender. Also lief ich hinein und sagte: »In dieser Familie wird nicht geflucht!«

Dann ging sie auf mich los: »Er ist ein verzogenes Balg! Er kriegt immer den Stuhl! Ich hab nie eine Chance!«

Ich sagte: »Ich merke, wie sehr euch beide das alles aufregt.« Dann drehte ich den Fernseher ab und verkündete: »Es ist deine und Jasons Sache, eine Lösung zu finden.« Das andere verstand sie auch ohne Worte: Kein Fernsehen, bis eine Lösung gefunden ist.

Ich ging in die Küche. Jason tappte weinend hinter mir her. Ich kochte innerlich. Es war alles Loris Schuld. Aber einmal mußte ich es einfach noch versuchen, wenn auch nicht sehr hoffnungsvoll. Ich sagte (natürlich laut genug, damit Lori es auch hören konnte): »Ich bin sicher, ihr zwei findet eine Lösung, wenn ihr euch wirklich Mühe gebt.«

An genau diesem Punkt (ich traute meinen Augen nicht) kam Lori herein und sagte: »Jas, ich hab eine gute Idee.« Jason wurde ganz aufgeregt und lief mit ihr ins Wohnzimmer. Und dann holten sie sich in fröhlicher Eintracht ihre Brote aus der Küche.

*Ich weiß nicht, was sie besprochen haben, und es ist mir auch
egal. Ich bin froh, daß ich durchgehalten und nicht Partei ergriffen habe.*

———

*Ich bin zwar diejenige, die in die Gruppe kommt, aber mein
Mann macht die Veränderungen, weil er sich immer meine
Notizen durchliest. Gestern früh beim Frühstück stritten sich
Billy und Roy darum, wer auf dem Stuhl neben dem Fenster sitzen darf. Der Streit wurde immer lauter, bis mein Mann
schließlich brüllte: »Auf dem Stuhl sitzt keiner außer mir!«
Dann zerrte er beide Jungs vom Stuhl und setzte sich selbst
drauf. Billy brüllte: »Ich hasse dich, Papi.« Das Frühstück
drohte zur Katastrophe zu werden.
Dann aber mußte etwas im Kopf meines Mannes geklickt haben. Er sagte: »Mensch, Billy, du bist ja richtig sauer. Es war
wohl sehr wichtig für dich, heute morgen auf dem Stuhl zu sitzen.«
Billys Antwort war ein »Ja«, das aus tiefstem Herzen kam.
Dann sagte mein Mann: »Ich wette, du und Roy, ihr könnt eine
Lösung finden, die für euch beide fair ist.«
Zu unserem Erstaunen stellten sie sofort einen Plan auf, nach
dem Billy beim Frühstück auf dem Stuhl sitzen würde und Roy
beim Abendessen. Eh wir's uns versahen, hatte sich die ganze
Atmosphäre gewandelt, und wir konnten alle unser Frühstück
genießen.*

Nicht alle Kinder konnten eine Lösung finden. Aber das
schien nicht ins Gewicht zu fallen. Schon allein die Suche nach
einer gemeinsamen Lösung verringerte normalerweise die
Spannungen.

Meine Frau war in der Arbeit, und ich lag mit einer schweren Erkältung im Bett und versuchte, ein bißchen zu schlafen. Eine Weile lang spielten die Jungs, der eine vier und der andere sechs, ganz friedlich. Dann gab es plötzlich Streit, und sie kamen beide angelaufen, um mir die Sache zu schildern.

Mir ging's ziemlich schlecht, und ich hatte keine Lust, mir das anzuhören. Also schlug ich vor, sie sollten ihr Problem auf die Tafel in ihrem Zimmer zeichnen, und wenn sie damit fertig wären, auch gleich zeichnen, wie sie sich eine gute Lösung vorstellten.

Der Vorschlag gefiel ihnen. Sie holten ein Lineal und teilten die Tafel in zwei Hälften. Dann zeichnete jeder Junge auf seiner Seite ein Bild.

Als sie fertig waren, brachten sie mir einen Bademantel und führten mich in ihr Zimmer, um mir die Bilder zu erklären. Sie waren überhaupt nicht mehr wütend. Irgendwie hatten sie sich beim Zeichnen versöhnt.

————

Leider müssen meine drei Teenagertöchter sich ein Zimmer teilen. Am schlimmsten wird es immer, wenn eine von ihnen Besuch hat. Gestern gab es wieder das übliche Geschrei, wer jetzt aus dem Zimmer gehn soll, und sie stürmten alle drei die Treppe herunter, um sich bei mir zu beschweren. Jede hoffte, ich würde ihre Partei ergreifen.

Aber diesmal wollte ich nicht darauf reinfallen. Ich sagte ihnen, ich würde erwarten, daß sie selbst eine Lösung finden, die allen dreien gerecht wird.

Sie gingen nach oben, kamen aber nach zwei Minuten wieder zurück. Sie sagten, sie hätten es versucht, aber könnten es nicht. Ich müßte jetzt entscheiden, wer recht hat.

Ich gab nicht nach.

ICH: Was? Das war euch nur zwei Minuten wert? Ein so großes Problem? Drei Mädchen und nur ein Zimmer, und jede möchte es für sich haben, wenn sie Besuch kriegt. Da braucht es mehr als zwei Minuten, um eine Lösung zu finden.

SIE: *Los, Papi, sag uns schon, was wir jetzt tun sollen.*

ICH: *Denkt noch länger drüber nach.*

SIE: *Das dauert zu lange.*

ICH: *Zu lange? Wißt ihr, wie lange es gedauert hat, bis die gescheitesten Männer aus dreizehn verschiedenen Staaten zu einer Einigung kamen, damit sie eine Verfassung schreiben und schließlich die Vereinigten Staaten gründen konnten? Nicht Tage. Nicht Wochen. Jahre! Euer Problem braucht Zeit. Ihr müßt viel drüber nachdenken. Aber ich bin sicher, ihr werdet eine Lösung finden – früher oder später.*

Gegen mein historisches Beispiel waren sie machtlos. Sie gingen zurück in ihr Zimmer, und ich hörte, wie sie sich die nächsten fünfzehn Minuten ernsthaft unterhielten.

Leider ist es ihnen nicht gelungen, eine Lösung zu finden. Aber im Lauf der nächsten zwei Wochen stellte ich eine entscheidende Veränderung in ihrem Verhalten zueinander fest. Wenn eine von ihnen jetzt Besuch hat, gehen die beiden anderen entweder aus dem Zimmer oder fragen, ob sie bleiben können. Das klingt vielleicht nicht gerade weltbewegend, aber für meine drei war's ein enormer Schritt.

Die nächsten zwei Geschichten handeln von Kindern, die eine Lösung gefunden haben. Zu unser aller Überraschung fanden diese noch sehr kleinen Kinder kreative Antworten für Probleme, die manchen Erwachsenen überfordert hätten.

Letzte Woche fuhr ich mit meiner sechsjährigen Tochter, ihrer Freundin und meinem drei Jahre alten Sohn im Auto. Die beiden Mädchen hatten beide zwei Eicheln, und mein Sohn hatte keine. Er fing zu weinen an, weil keins der Mädchen ihm eine geben wollte.

Meine Tochter erklärte, wenn sie Joshua eine von ihren geben würde, hätte sie weniger als ihre Freundin. Ich sagte ihnen, sie sollten drüber nachdenken, dann würden sie vielleicht eine Lösung finden, die für alle fair sei. (Ich sagte es, aber geglaubt hab ich es nicht.)

Ungefähr eine Minute später sagte meine Tochter: »Mami, ich hab eine Lösung gefunden! Joanna (also die Freundin) könnte Joshua eine von ihren Eicheln geben. Dann geb ich dir eine von meinen. Dann hat jeder eine!«

———

Als meine Schwägerin mit ihren Kindern zu Besuch kam, wollte ich unbedingt meine neuen Fähigkeiten vorführen. (Sie glaubt, Gruppen über Kindererziehung sind nur etwas für unsichere Eltern.) Jedenfalls kam mein Neffe Johnny, der fünf Jahre alt ist, angerannt, um sich über meine sechsjährige Tochter Leslie zu beschweren, weil sie ihn nicht Superman sein lassen wollte. Ich sagte: »Mensch, Johnny, das ist ja ein kniffliges Problem. Ihr wollt beide Superman sein. Hm... Ich glaube, ihr könnt ganz allein eine Lösung finden, die für euch beide akzeptabel ist.«

Meine Schwägerin murmelte vor sich hin, Johnny würde sowieso nachgeben, »wie immer«, und Leslie den Superman machen lassen.

Nach kaum zwei Minuten kamen die beiden angelaufen. Sie hatten eine Lösung gefunden. Beide würden Superman sein! Und Leslies jüngerer Bruder (er ist gerade 1 1/2 Jahre alt) und Johnnys dreijährige Schwester konnten machen, was immer sie wollten.

Meine Schwägerin war sehr beeindruckt. Sie konnte nicht fassen, daß so kleine Kinder etwas regeln konnten, ohne daß ihnen die Eltern sagten, was sie tun sollten.

Das nächste Beispiel kommt von einer Mutter von Teenagern. Wie die Geschichte zeigen wird, ist ihre Haltung: »Besser spät als nie.«

Wenn ich das alles nur schon vor zehn Jahren gewußt hätte! Es ist viel einfacher, in der Erziehung etwas gut zu machen, wenn die Kinder klein sind, als später etwas wieder auszubügeln, wenn sie Teenager sind. Aber ich glaube, mir bleiben noch ein paar Jahre für den Versuch, aus ihnen zivilisierte Menschen zu machen.

Am schlimmsten ist es immer beim Abendessen. Sie hacken nur aufeinander rum, während ich versuche, zu essen. Ich habe ihnen schon hundertmal gesagt, wie ekelhaft sie sind und daß sie sich wie eine gackernde Hühnerschar benehmen, aber sie scheinen das überhaupt nicht zu registrieren.

Jedenfalls, nach der Diskussion letzte Woche beschloß ich, meine Taktik zu ändern. Ich würde nichts mehr durchgehen lassen. Kaum hörte ich das erste Schimpfwort, griff ich ein. Ich sagte: »He, kein Angiften!« oder: »Das ist ein gemeines Wort!« oder: »Ihr habt die Wahl, Kinder – entweder eine nette Unterhaltung – oder gar keine Unterhaltung!*«*

Ich sagte ihnen auch, ich würde erwarten, daß sie sich zum Abendessen ein interessantes Diskussionsthema ausdenken. Ich sagte ihnen außerdem klipp und klar, ich würde von ihnen einen »Beitrag« zur guten Stimmung in der Familie erwarten.

Sie können sich gar nicht vorstellen, wie wild entschlossen ich war. Am nächsten Abend setzte ich mich mit meiner alten Trillerpfeife um den Hals an den Tisch. (Ich war früher Turnlehrerin). Es fing alles sehr gut an. Sie unterhielten sich tatsächlich wie normale Menschen. Aber nach ungefähr fünf Minuten kam die erste boshafte Bemerkung, und ich betätigte meine Pfeife. Zuerst wußten sie gar nicht, wie ihnen geschah, aber dann kapierten sie und lachten. Und benahmen sich für die restliche Zeit des Abendessens anständig.

Die meisten bisherigen Berichte zeigen eine Form des Geschwisterstreits, der sich mit einer kurzen Einmischung von seiten der Eltern relativ schnell schlichten läßt. Dann gibt es aber noch andere Streitereien, nämlich solche, bei denen die Eltern dann irgendwann schreien: »Wartet, bis ihr selber Kinder habt, dann werdet ihr sehn, wie das ist!« Die zwei nächsten Geschichten zeigen, wie Eltern über längere Zeit in Schlichtungsversuche bei einem Geschwisterpaar hineingezogen werden:

Es ist Mittwoch nachmittag.
Hal und Timmy kommen aus der Schule nach Hause, und ich frage sie, wie ihr Tag so war.
Hal sagt, er habe sein Pausenbrot vergessen und seine Freunde hätten ihm bloß ein paar Kartoffelchips abgegeben. Ich tröste ihn und gebe ihm das vergessene Brot. Dann gehn beide Jungs zum Spielen.
Ein paar Minuten später sind sie wieder da, schubsen sich, Timmy weint.
ICH: *Was ist passiert?*
HAL: *(wütend) Timmy hat mich auf den Kopf geschlagen!*
TIMMY: *(heulend) Aus Versehen! Hal, ich hab's nicht mit Absicht gemacht!*
HAL: *Das stimmt nicht! Ich weiß, daß du's mit Absicht gemacht hast! (Er schubst Timmy noch mal.)*
ICH: *(trenne sie wieder) Okay, was auch immer los war, man schlägt keine Leute. Jetzt setzen wir uns und hören uns an, was passiert ist.*
HAL: *Ich will nicht drüber reden.*
Hal setzt sich und schaut sich ein Buch an, das Timmy aus der Schulbibliothek mitgebracht hat. Timmy nimmt es ihm weg. Hal reißt es ihm aus der Hand.
HAL: *Ich will das anschaun.*
TIMMY: *Es ist mein Buch.*
HAL: *Nein, ist es nicht. Du hast es aus der Bibliothek. Deshalb gehört's dir noch lange nicht.*

Sie zerren beide an dem Buch.

ICH: *Jetzt haben wir noch ein Problem. Zwei Kinder und ein Buch. Wie sollen wir das lösen?*

TIMMY: *Ich will nicht, daß er das Buch liest, weil er mich geschlagen hat.*

HAL: *Ich hab nur geschlagen, weil du mich geschlagen hast. Ich will Rache!*

TIMMY: *Es war aus Versehen! Und ich hab dich nicht mal fest geschlagen.*

HAL: *Ach nein? Du hast mich fest geschlagen, nämlich so. (Er schlägt Timmy auf den Kopf)*

Timmy duckt sich, nimmt ein Stück Karton und tippt Hal leicht damit an: »Nein, es war nur ganz leicht, so.«

Hal nimmt das Stück Karton und schlägt fest damit auf Timmy ein.

ICH: *(trenne sie) Das sieht ja wie eine echte Rauferei aus.*

HAL: *Ist es auch!*

ICH: *Ich spüre, wie sauer du bist. Es ist nicht gut, wenn du jetzt in Timmys Nähe bist. Ich möchte, daß du nach oben gehst.*

HAL: *Ich geh nicht! Ich will Rache!*

ICH: *Schlagen ist nicht erlaubt! Du kannst entweder nach oben gehn, bis du dich beruhigt hast, oder du kannst mit mir über das reden, was dich aufregt.*

Hal geht widerwillig drei Stufen hoch, dann kommt er wieder runter.

HAL: *Mami, er hat so fest geschlagen, daß ich Kopfweh bekommen habe.*

ICH: *Ah, und jetzt hast du Kopfweh.*

HAL: *Und das ist nicht das erste Kopfweh heute!*

ICH: *Hast du in der Schule Kopfweh gehabt?*

HAL: *Ja, in Musik. Miss Cane hat einen Anfall gehabt und mich dauernd angebrüllt.*

ICH: *(es fällt mir wie Schuppen von den Augen) Laß mal überlegen, Hal. Du hast einen schweren Tag gehabt. Zuerst kommst du in die Schule und merkst, daß du dein Pausenbrot vergessen hast, dann brüllt dich die Musiklehrerin an...*

HAL: *(beifällig nickend) Und dann in der Pause sind Louis und Steven auf mich losgegangen, und Bobby hätt's auch noch gemacht, wenn die Pausenaufseher sie nicht erwischt hätten...*
Er erzählt alles, was ihn in der Schule geärgert hat. Als er fertig ist, stimme ich ihm zu, daß er einen schrecklichen Tag hatte. Er und sein Bruder spielen den ganzen Nachmittag friedlich miteinander.

————

Mein Sohn und mein Stiefsohn sind fast gleich alt, und es war für beide eine große Umstellung, sich ein Zimmer teilen zu müssen, weil sie gewohnt waren, ein eigenes zu haben. Eins der schlimmsten Probleme war, daß jeder darauf bestand, zur selben Zeit »seine« Musik zu hören. Gestern liefen zwei Kassettenrecorder im selben Schlafzimmer auf vollen Touren. Einer mit Rock, der andere mit Jazz.
ICH: *(an der Tür)* DIESER KRACH! *(Beide Recorder werden leiser gestellt.)*
Einen Tag später wieder dasselbe Theater – verschiedene Programme, volle Lautstärke. Ich werfe einen Brief, in Fliegerform gefaltet, hinein: »SCHLUSS MIT DER MUSIK!«
Für einige Zeit wird es leiser.
Dann hör ich wieder Lärm.
ICH: NUR EINE SORTE MUSIK AUF EINMAL, BITTE!
Eine tolle Regel. Sie fangen sofort an zu streiten. Jeder will seine eigene Musik hören – und zwar jetzt – und sagt, der andere habe schlechten Geschmack.
Dann ist Schlafenszeit. Wieder ein Streit. Todd will mit der Musik einschlafen, Jeremy mit einer anderen. Beides geht nicht, also gar keine Musik. Todd kommt und erzählt mir, wieviel schöner es war, bevor Jeremy ins Haus kam. Am Abend erzählt mir mein Mann, daß Jeremy dieselbe Beschwerde über Todd vorgebracht habe.
Nächster Tag: Wieder plärrt die Musik. Ich geh rein und ziehe ganz ruhig die Stecker beider Radios und beider Kassettenre-

corder raus, leg sie auf meine Kommode und mach die Tür zu meinem Zimmer zu. Als ich Türen schlagen höre und Schreie wie »Unfair!«, mache ich die Tür auf und verkünde: »Sobald ihr zwei eine Lösung gefunden habt, die für die ganze Familie fair ist, könnt ihr sie zurückhaben.«

Es folgen drei Tage Frieden. Ich kann wieder denken. Ein Teil des Problems ist sicher Platzmangel. Wenn jedes Kind einen kleinen Raum für sich hätte... Aber wo? Im Keller wäre eine kleine Nische mit Steckdose, aber man kommt nicht mal zur Tür rein. Sie steht voller Möbel und Kartons aus zwei Haushalten. Das andere Problem – wahrscheinlich das größte – ist die wachsende Wut der Jungs aufeinander. Irgendwie müssen wir Klarheit schaffen.

Ich gehe meine Notizen aus der Gruppe durch, berate mich mit meinem Mann, und wir beschließen, ein Familientreffen abzuhalten. Die Jungs sind mißtrauisch, wollen aber mitmachen. Wir erklären die Spielregeln und bitten jeden, uns ein paar der Sachen zu sagen, die ihnen nicht passen. Zuerst geht es sehr langsam, aber als sie einmal in Fahrt sind, kommt es wie ein Wasserfall:

»Ich find's zum Kotzen, daß ich das Zimmer teilen muß. Ich hab immer ein eigenes gehabt.«

»Ich komm mir vor wie ein Fremder, der in die Privatsphäre eines anderen eindringt.«

»Ich hab nicht genug eigenen Raum. Manchmal tu ich mir selber leid.«

»Wir sind zu verschieden. Der ist ein Popper... und ich, ich bin mehr Punk.«

»Ich kann mich nicht an die ›Essenrationierung‹ gewöhnen. Hier gibt's so viele Essensregeln. Ich konnte immer essen, was ich wollte.«

»Ich mag meinen Vater nicht teilen. Warum müssen wir immer alles zusammen machen?«

Damit hatten wir nicht gerechnet. Ich habe keine Ahnung, wie ich jetzt weitermachen soll, und gebe meinem Mann ein Zeichen, mir zu helfen. Er macht sein »Da bin ich überfordert«-

Gesicht. Dann sagt er: »Eure Mutter und ich nehmen eure Beschwerden sehr ernst, und wir wollen länger über das, was ihr uns gesagt habt, nachdenken. Wir werden die Diskussion morgen früh fortsetzen.« Ich erledige ein paar Besorgungen, und mein Mann setzt sich hin und schreibt ein paar Überweisungen.

Als ich einige Stunden später nach Hause zurückkomme, hör ich Lärm aus dem Keller und schau runter, was da los ist. Todd sieht mich und schreit: »He, Mami, du kommst gerade rechtzeitig. Schau, was wir gemacht haben!«

Jeremy ruft: »Papi, kommst du auch?«

Wir trauen unseren Augen nicht.

Der Keller ist blitzblank. Die Kartons sind in ordentlichen Dreierreihen an einer Wand aufgestapelt. In der Nische liegt ein Teppich auf dem Boden. In der Mitte steht ein Stuhl. In einer Ecke lehnt eine Gitarre, und auf einem Tisch stehen ein Radio und ein Kassettenrecorder.

Mein Mann ist sprachlos. Ich bin so perplex, daß ich grade noch rausbringe: »Oh! Habt ihr das gemacht! Toll…«

JEREMY: *Das ist mein Musikzimmer.*

TODD: *Und zwar, weil Jeremy gerne Gitarre spielt, wenn er Rock hört. Ich krieg das Schlafzimmer, weil ich gern auf dem Bett liege und Musik höre.*

Todd zieht sich aufs Bett zurück und hört Musik. Jeremy nimmt die Gitarre und schaltet das Radio ein, und wir gehn zurück ins Wohnzimmer und strahlen uns wie zwei glückliche Trottel an. Wir wissen beide, daß es nicht so bleiben wird, aber im Augenblick ist Frieden, und der ist wunderbar!

Mit dieser Geschichte ging unsere letzte Sitzung zu Ende. An den Gesichtern der Leute sah ich, daß sie jetzt schon mit ein bißchen Wehmut zurückblickten. Ich auch. Wir hatten schöne, erinnernswerte Augenblicke miteinander erlebt.

»Diese Treffen werden mir fehlen«, sagte jemand.

»*Müssen* wir denn aufhören? Ich glaube, ich brauche diesen

Kurs, bis die Kinder erwachsen sind und aus dem Haus gehn.«

»Könnten wir uns noch mal treffen, vielleicht in einem Monat – einfach, um alles ein bißchen aufzufrischen?«

Ich schaute fragend in die Runde. Einige Leute nickten zustimmend. Andere schienen unsicher, sagten etwas von Plänen für den Sommer und anderweitigen Verpflichtungen.

Ich hatte kein weiteres Treffen einkalkuliert. Aber der Gedanke an eine Nachfolgesitzung in einem Monat, wenn auch vielleicht nur mit einem Teil der Gruppe, war verlockend.

Wir nahmen unsere Kalender und vereinbarten ein Datum.

7.
Aussöhnung mit der Vergangenheit

Mir war klar, daß nicht viele kommen würden. Sobald der regelmäßige Zeitplan für Treffen unterbrochen wird, kommen alle möglichen Verpflichtungen dazwischen und vereiteln die besten Vorsätze. Trotzdem mußte ich mich erst an die Tatsache gewöhnen, daß nur sechs Leute erschienen waren. Mir fehlte die Energie und die gute Laune der großen Gruppe.

»Egal«, dachte ich mir. »Sechs können auch gut sein. Entspannt und familiär.« Aber da war irgend etwas anderes. Eine gewisse Unruhe war im Raum zu spüren. Ich regte an, die Stühle zu einem engeren Kreis zusammenzurücken.

»Also«, begann ich, »wie läuft's denn?«

Langes, betretenes Schweigen.

Schließlich... »Ich hatte vor ein paar Wochen ein längeres Gespräch mit meiner Schwester Dorothy, aber ich sollte wohl doch nicht andrer Leute Zeit dafür in Anspruch nehmen.«

»Es ist Ihre Zeit«, sagte ich. »Wir haben heute keinen festen Plan.«

»Aber wir sollen doch über Geschwisterbeziehungen bei unseren Kindern reden, nicht über unsere eigenen.«

»In dieser Sitzung kann über jedes Problem gesprochen werden, das mit Geschwistern zu tun hat.«

Sie zögerte. »Im Grunde«, sagte sie, »ist es wahrscheinlich doch sehr aufschlußreich, weil ich nie mit ihr drüber gesprochen hätte, wenn ich nicht in diese Gruppe gegangen wäre.«

Plötzlich war Interesse da. Einige Leute ermunterten sie, weiterzusprechen.

»Wahrscheinlich erinnert sich niemand mehr an das, was ich hier einmal über meine Schwester gesagt habe...«

»Ich erinnere mich sehr gut«, sagte eine Frau. »Wir haben über das Vergleichen von Kindern gesprochen, und Sie haben uns erzählt, Ihre Mutter hätte Ihnen Ihre Schwester Dorothy ständig als Vorbild vorgehalten, und wie schrecklich das für Sie gewesen war.«

Sie wurde rot. »Das stimmt«, sagte sie. »Nach der Sitzung war ich wieder total aufgeregt... weil meine Mutter Dorothy so herausgestellt hat und weil Dorothy sich immer so überheblich aufgeführt hat.

Ein paar Wochen später haben wir dann darüber geredet, wie man Kinder in Rollen zwängt und wie schmerzlich das sein kann, selbst für das Kind, dem die positive Rolle zugeteilt wird. Mir dämmerte, daß Dorothy vielleicht auch gelitten haben könnte. Es ging mir die ganze Nacht nicht aus dem Kopf, und als ich am nächsten Morgen aufwachte, wußte ich, ich muß mit ihr reden.«

Sie hielt inne und schaute uns fragend an. »Sind Sie sicher, Sie wollen das alles hören? Es gibt noch sehr viel zu erzählen.«

Die Gruppe ermunterte sie wieder, weiterzumachen.

»Der Gedanke an den Anruf war nicht sehr angenehm, weil ich mit Dorothy eigentlich nur an den Feiertagen Kontakt hatte. Ich wußte gar nicht, wie sie das aufnehmen würde. Wahrscheinlich hatte ich schon wieder Angst, etwas ›falsch zu machen‹. Aber es kam ganz anders. Dorothy freute sich anscheinend, von mir zu hören. Wir redeten ein bißchen über unsere Männer und unsere Kinder. Dann erzählte ich von der Gruppe und wie sehr mir das geholfen hatte. Sie schien interessiert, also erzählte ich ihr etwas von unserer Sitzung über Rollenverteilung und fragte sie, ob sie glaube, unsere Mutter hätte uns in Rollen gezwängt.

Zuerst stritt sie das ab, aber nachdem wir uns eine Weile über die Kindheit unterhalten hatten, gab sie schließlich zu, daß sie sich ständig unter Druck gefühlt hatte, weil man sie als Vorbild hingestellt hatte.

Dann sagte sie etwas wirklich Erstaunliches. Es habe Zeiten gegeben, in denen Mami versucht habe, uns voneinander fernzuhalten, und sie habe immer darauf geachtet, nicht zuviel mit mir gemeinsam zu machen, weil sie Angst hatte, Mami würde sie dann nicht mehr so achten. Weil sie angeblich was Besonderes war und ich diejenige, die von Mami immer kritisiert wurde.«

Wir brauchten alle ein paar Minuten, um das, was sie gesagt hatte, zu verdauen. »Sie müssen ganz schön schockiert gewesen sein, als Sie das gehört haben«, murmelte jemand.

»Irgendwie schon. Aber andrerseits, ich glaube, ich hab's immer gewußt. Das Merkwürdige war, ich war überhaupt nicht entsetzt. Mir tat bloß Dorothy leid. Ich hab ihr gesagt, das müsse ja schrecklich für sie gewesen sein, eine schreckliche Last für ein Kind. Dann fing sie plötzlich an zu weinen. Zum ersten Mal erlebte ich, daß meine Schwester verletzlich war. Ich hätte sie so gerne getröstet, aber sie war tausend Kilometer weg. Ich sagte: ›Dorothy, ich umarme dich. Ich lang einfach durchs Telefon und umarme dich.‹

Dann sagte sie, wie leid es ihr täte, daß sie mir so viel Schmerz zugefügt hatte und wieviel ihr dieser Anruf bedeutete. Und wenn ich das nicht getan hätte, wären wir vielleicht gestorben, ohne uns je richtig kennenzulernen. Dann fing ich an zu weinen.«

Einige von uns griffen zu Taschentüchern.

»Wissen Sie, was ich und Dorothy beschlossen haben?« fuhr sie fort.

»Wir werden uns auf halbem Weg zwischen Washington und Chicago in einem Hotel treffen und dort ein ganzes Wochenende miteinander verbringen – nur wir beide, keine Ehemänner, keine Kinder, nur wir. Wir haben sehr viel nachzuholen.«

»Ich freu mich für Sie«, sagte ein Mann. »Aber irgendwie macht's mich auch traurig.«

»Warum?« fragte Dorothys Schwester.

»Es ist so traurig, wenn man sich vorstellt, daß Eltern ihre Kinder auseinanderbringen. Ich weiß, wie sehr wir als Familie darunter gelitten haben, daß mein Vater meinen älteren Bruder Tom immer auf Abstand hielt.«

»Warum sollte er so etwas tun?« fragte sie.

»Das ist eine lange Geschichte ... der Kern ist: Tom war immer ein Rebell, und mein Vater kam aus dieser strengen, griechisch-orthodoxen Tradition, und sie haben immer furchtbar gestritten. Der endgültige Bruch kam, als Tom siebzehn war. Er nahm sich Geld aus der Ladenkasse meines Vaters und haute damit ab. Mein Vater hat ihm das nie verziehn – nie. Und er ließ Tom nie wieder ins Haus. Meine Mutter bettelte ihn an. Ich bettelte ihn an. Aber er gab nicht nach.«

»Und Sie haben Tom nie wiedergesehn?«

»Einmal. Acht Jahre später, als mein Vater starb, kam Tom mit seiner Frau zur Beerdigung, aber wir haben seither nur wenig Kontakt. Ich würde ihn gerne zu Thanksgiving, Weihnachten und anderen Familienfeiern einladen, aber Nick, mein jüngerer Bruder, ist immer dagegen. Er will überhaupt nichts mit ihm zu tun haben.«

»Das ist seltsam«, sagte sie. »Es ist fast, als hätte er die Haltung Ihres Vaters übernommen.«

»Ich weiß. Nick hat mich da in eine schwierige Situation gebracht. Ich bin momentan total hin und her gerissen. Mein jüngster Sohn wird nämlich nächsten Monat getauft, und ich möchte Tom gern dabeihaben. Ich weiß, es war falsch, was er gemacht hat, aber man hätte anders darauf reagieren müssen. Man hätte ihn nicht aus der Familie ausschließen dürfen. Denn was ist dabei herausgekommen? Meine Kinder haben einen Onkel und eine Tante, die sie nicht kennen, und Cousins, die sie nie sehen. Und ich habe eine Nichte und einen Neffen, die mir völlig fremd sind.«

»Was werden Sie tun?« fragte Dorothys Schwester leise.

Lange Pause. »Ich werde noch mal mit Nick reden. Der liebe Gott hat uns einen Bruder geschenkt, und wir müssen ihn aufnehmen und ihm Liebe geben. Ich möchte alle meine Brüder dabeihaben, wenn mein kleiner Sohn getauft wird. Ich möchte die Familie wieder zusammenbringen.«

»Ich wünsche Ihnen, daß es klappt«, sagte eine Frau wehmütig. »Es muß wunderbar sein, die Möglichkeit zu haben, eine Familie wieder zu vereinen.«

Diese Bemerkung ließ mir keine Ruhe. Dann fiel mir ein, daß das die Frau war, die erzählt hatte, sie hätte eine psychisch gestörte Schwester.

»Es hätte keinen Sinn, zu versuchen, die Beziehung zu meiner Schwester wieder aufzunehmen«, fuhr sie fort. »Als ich das letzte Mal versuchte, mit ihr zu reden, verdächtigte sie mich, ich würde unter ihren Freunden Gerüchte über sie verbreiten.

Außerdem möchte ich eigentlich lieber mit meiner Mutter reden. In dieser Gruppe sind mir da in mehrerer Hinsicht die Augen geöffnet worden. Nach der letzten Sitzung hab ich mir gesagt: ›Und wenn es das letzte ist, was ich auf dieser Welt mache, ich muß meine Mutter wissen lassen, was ich in all den Jahren empfunden habe.‹«

»Glauben Sie, Sie machen das jemals?« fragte jemand vorsichtig.

»Ich hab's schon gemacht.«

»Und hat Ihre Mutter wirklich zugehört?«

»Einfach war es nicht für sie.«

»Was haben Sie ihr erzählt?«

Sie zögerte und schaute mich unsicher an.

»Vielleicht möchten Sie nicht drüber reden?« sagte ich.

»Oh, ich weiß nicht... Ich glaube, es macht mir nichts aus.« Sie schloß für einen Moment die Augen und versuchte, die Szene zu rekonstruieren. »Ich habe meiner Mutter nur gesagt, wie schwer es für mich gewesen sei, daß Lynns Stimmungen immer das Familienklima bestimmten. Ich sagte: ›Du warst so besessen von Lynn und ihren Problemen, daß du mich überhaupt nicht gesehn hast. Du hast nie gewußt, wer ich bin, und es auch nie wissen wollen. Ich hab mich nie richtig geliebt gefühlt.‹«

Man hätte eine Stecknadel fallen hören können. »Was hat sie darauf gesagt?«

»Sie sagte, das wäre lächerlich, besonders, wo ich doch das perfekte Kind gewesen sei, das jeder geliebt habe.

Ich sagte: ›Da siehst du   das ist genau das, wovon ich rede.

Du machst es doch schon wieder! Machst irgendwas aus mir, was überhaupt nicht wahr ist.‹

Meine Mutter überhörte das einfach und fing wieder mit der alten Leier an, was für eine Belastung es all die Jahre gewesen wäre, ein gestörtes Kind zu ertragen – das ewige Gerenne zum Doktor, das verrückte Verhalten, nie eine Sekunde Ruhe. Jeder Vorfall wurde breitgetreten, Lynn habe dies gemacht und Lynn habe das gemacht . . .

Ich hatte die Nase endgültig voll. Ich konnte es nicht mehr hören. Ich sagte: ›Mutter, ich möchte dich um etwas sehr Schwieriges bitten. Hör mir einmal zu. Hör einfach zu, und versuch nicht mehr, alles zu erklären. Das weiß ich alles schon. Ich möchte, daß du verstehst, wie es für *mich* all die Jahre gewesen ist.‹

Sie starrte mich an. Dann sagte sie: ›Na schön . . . also gut, schieß los.‹

Es quoll einfach aus mir heraus. Ich erinnerte sie an all die Gelegenheiten, bei denen sie versucht hatte, mich zu einer Art Vorbild hochzustilisieren.

›Gott sei Dank bist *du* wenigstens zuverlässig.‹

›Ich bin froh, daß *du* wenigstens klar denkst.‹

›Ich bin froh, daß ich wenigstens ein Kind mit Verantwortungsbewußtsein habe.‹

Und ich zählte jede Gelegenheit auf, bei der ich versucht hatte, mich aufzulehnen. Wie damals, als ich in der fünften Klasse Schule geschwänzt hatte, oder als ich mich geweigert hatte, für den Besuch Klavier zu spielen, und wie ich immer nur gehört habe: ›Das paßt nicht zu dir, Schatz.‹ Ich konnte unendlich viele Beispiele nennen, um zu zeigen, wie unsichtbar ich mir vorgekommen war. Kein Wunder, daß ich die meiste Zeit nicht wußte, wer ich überhaupt war.

Dann fragte ich sie: ›Weißt du, wieviel es mir bedeutet hätte, wenn du nur einmal gesagt hättest: Du mußt nicht die ganze Zeit so brav sein. Du mußt nicht so perfekt sein. Du mußt nicht Mutters Goldstück sein. Du kannst garstig, vorlaut, schlampig, gemein, rücksichtslos, verantwortungslos sein –

und es ist okay. Es ist ganz normal, wenn man das manchmal ist. Und ich liebe dich trotzdem genauso.‹

Während ich redete, liefen meiner Mutter die Tränen übers Gesicht, aber ich hörte nicht auf. Ich konnte nicht aufhören. Als ich schließlich fertig war, flüsterte sie: ›Ich hatte ja keine Ahnung... Was kann ich dir sagen?... Ich weiß nicht, was ich sagen soll.‹

Ich sagte: ›Nichts. Da gibt es nichts zu sagen. Ich wollte nur, daß du es weißt.‹

Dann löste sich etwas in mir. Ich sagte: ›Glaub ja nicht, ich weiß nicht, was du in all den Jahren mit Lynn durchgemacht hast. Glaub ja nicht, ich weiß nicht, wie schwer es für dich gewesen ist.‹ Dann nahm ich sie in den Arm, und wir hielten uns fest. Es war, als wäre eine Mauer zwischen uns niedergerissen worden.«

Ich hörte verwundert zu. Wie schnell uns doch Verständnis verzeihen läßt. Was für eine ungeheure Erleichterung muß es gewesen sein, all diese verbitterten Gefühle herauszulassen. Und welch großes Geschenk ihre Mutter ihr gemacht hatte, indem sie einfach zuhörte.

»Ich hätte meiner Mutter so etwas nie sagen können«, sagte eine andere Frau und schüttelte den Kopf. »Sie konnte nie mit meinen Gefühlen umgehn. Sie kann nicht einmal mit ihren eigenen Gefühlen umgehn. Ich weiß nicht, warum ich mir überhaupt die Mühe gemacht habe, aber neulich versuchte ich, ihr ein paar Sachen zu erzählen, die mir als Kind weh getan hatten. Zum Beispiel, daß ich nie auf meinen Bruder wütend sein durfte und wie ich immer den großen Diener vor ihm machen mußte, weil er der Kronprinz war.

Können Sie sich vorstellen, was sie gesagt hat? ›Das Schlimme an dir ist, du siehst die Probleme, und du willst immer alles perfekt haben.‹

Dann sagte ich: ›Was ist denn falsch daran, zu sagen, das tut weh, wenn etwas weh tut? Wenn man gegen das Bett stößt und sich die Zehen anhaut, darf man dann nicht sagen: Mensch, das hat vielleicht weh getan?‹

Sie sagte: ›Nein, ich geh einfach weg und sage: Das war blöd!‹, und dann vergeß ich es einfach.‹ Und so handelt meine Mutter bei allem. Wie konnte ich da erwarten, daß sie mich versteht!

Sie hat manchmal so ein Brett vorm Kopf, daß ich sie am liebsten packen und durchschütteln würde. Sie redet dauernd davon, daß sie nur möchte, daß ihre Kinder sich nahestehen, aber sie hat immer alles getan, um uns auseinanderzubringen... Wissen Sie, was wirklich seltsam ist? Mein Bruder – der mich nie anruft – hat grade sein erstes Kind bekommen, und plötzlich ruft er mich an und fragt mich um Rat. Wir reden tatsächlich wie normale Leute miteinander. Vielleicht gibt es für uns doch noch Hoffnung. Aber ich schwöre, wenn es uns eines Tages gelingt, doch Freunde zu werden, dann trotz meiner Mutter, nicht wegen ihr. Ich weiß, sie meint es gut, aber man kann sie nicht gerade als einfühlsam bezeichnen.«

»Ich weiß nicht«, warf ein anderer Mann ein, der als einziger bis jetzt überhaupt noch nichts gesagt hatte. »Meine Eltern waren beide sehr gefühlvolle Menschen, aber ich kann Ihnen versichern, auch gefühlvolle Leute lassen zu, daß gefühllose Dinge geschehen.«

Alle Augen richteten sich auf ihn.

»Ich glaube, ich habe einmal erwähnt«, erklärte er, »daß ich einen Zwillingsbruder habe, der mich immer verhauen hat. Und sie haben keinen Finger gerührt, ihn davon abzuhalten.«

»Das ist ja schrecklich«, sagte jemand. »Wieso nicht?«

»Ich habe keine Ahnung. Vielleicht haben sie geglaubt, Buben brauchen ihr Quantum an Raufereien. Vielleicht haben sie gedacht, weil wir Zwillinge sind, ständen wir uns auf jeden Fall besonders nahe und würden uns gegenseitig nie ernsthaft weh tun.

Ich weiß nicht, was sie sich dabei gedacht haben. Ich kann Ihnen nur eins sagen, wenn Sie fünf Jahre alt sind und Ihr einziger Schutz diese Eltern sind und die immer in die andere Richtung schauen, dann kann einem das ganz schön angst machen. Man denkt sich, irgendwie muß ich da durch.«

»Sie müssen ein zäher Bursche gewesen sein, daß Sie das überlebt haben«, sagte ich.

»War ich auch. Aber Eric war noch zäher. Er ist fünf Minuten vor mir auf die Welt gekommen und hatte fast das doppelte Gewicht bei der Geburt.«

»Sie waren also von Anfang an benachteiligt?«

»Das stimmt. Aber in den ersten Jahren hat es mir nichts ausgemacht, daß er so viel größer war. Ich hab trotzdem mit ihm gerauft. Typisches Beispiel: Er kommt rein und dreht am Fernseher rum, weil er sein Programm sehen will. Ich will mich aber nicht von ihm herumkommandieren lassen. Also hab ich wieder umgeschaltet. Dann hat er sich auf mich gestürzt und so lange auf mich eingeschlagen, bis ich kapiert habe, daß er mir tatsächlich weh tun konnte. Dann gab es einen Punkt – das dauerte eine Weile –, da kam er nur rein und hat den Fernseher abgedreht, und ich bin einfach gegangen.«

»Ich versteh immer noch nicht, wie Ihre Eltern das zulassen konnten!« rief eine Frau.

»Eigentlich hat ja meine Mutter versucht, mich zu schützen, manchmal wenigstens. Sie brüllte Eric an und nahm mich mit in ihr Zimmer. Aber die meiste Zeit mußten wir uns selbst zurechtfinden. Einmal hat sie uns so eine riesige Figur zum Aufblasen gekauft. Die hatte unten im Fuß Sand und schnellte zurück, wenn man draufhaute. Ich weiß noch, wie sie zu Eric sagte: ›Wenn du deinen Bruder schlagen willst, dann schlag lieber das hier.‹

Das werd ich nie vergessen, weil, nachdem wir dieses Ding gekriegt hatten, schlug er zuerst mich, dann die Figur, dann wieder mich. Hat als Lösung offensichtlich nicht funktioniert.«

»Wie ist es Ihnen als Teenager ergangen?« fragte jemand.

»Eric wurde ein Supersportler – Hockey, Fußball, alles. Er kämpfte auf Leben und Tod, wollte vernichten, zerstören. Je schlimmer er einen verhaun hatte, desto glücklicher war er.

Ich ging Sport aus dem Weg. Eigentlich machte ich in der High School sehr wenig. Ich versuchte, gesellschaftlich gut anzukommen. Ich unternahm nie etwas, was mich aus dem Schutzkreis meiner Freunde entfernt hätte.«

»Hat sich zwischen Ihnen nichts verändert, als Sie älter wurden?«

»Eigentlich nicht. Die Angriffe wechselten nur vom Körperlichen ins Verbale. Zum Beispiel gab es bei uns in der Familie immer Diskussionen beim Abendessen. Eric war immer informiert – Bücher, Sport, Politik. Wenn ich etwas beisteuern wollte, machte er ein verächtliches Gesicht und sagte: ›Das ist doof.‹ Und meine Eltern waren so damit beschäftigt, sein Wissen zu bewundern, daß es ihnen gar nicht auffiel. So hörte ich schließlich bei den Diskussionen nur noch zu und machte ein paar Witze. Ich gewöhnte mir tatsächlich scharfe, sarkastische Bemerkungen an. Es war meine einzige Waffe gegen Eric. Und ich setzte sie ein. Ich kannte alle seine schwachen Punkte.«

»Wer kann Ihnen das verübeln?« sagte ein Mann. »Sie mußten sich doch irgendwie an diesem Bastard rächen.«

Er zog die Augenbrauen hoch und lehnte sich im Stuhl zurück – seine ganze Haltung veränderte sich. »Vor einiger Zeit hätte ich Ihnen noch zugestimmt. Aber es ist etwas ganz Verrücktes passiert. Letzten Monat, nachdem die Sitzungen beendet waren, hatte ich das starke Bedürfnis, wieder Verbindung mit Eric aufzunehmen, nachdem ich ihm jahrelang aus dem Weg gegangen bin. Also hab ich ihn angerufen, und wir trafen uns zum Mittagessen, das sich über drei Stunden hinzog.«

Alle waren furchtbar neugierig. »Worüber haben Sie geredet?«... »Haben Sie ihn zur Rede gestellt?«... »Haben Sie ihm gesagt, wie er Ihnen das Leben schwergemacht hat?«

»Eigentlich wollte er mir erzählen, wie ich *ihm* das Leben schwergemacht habe.«

Alle waren perplex.

»Laut Eric war ich das Lieblingskind, und das konnte er mir nie verzeihen. Er wies darauf hin, Mutter und ich hätten uns von Haus aus besser verstanden, während es zwischen ihnen gefühlsmäßig nie so richtig geklappt habe. Er hatte immer geglaubt, sie sei ständig wütend auf ihn und wolle mich dauernd beschützen, und ihm werde nie das nötige Verständnis entgegengebracht.

Er erzählte mir auch, alle Leute wären von Anfang an nur auf mich abgefahren. Er sagte: ›Du warst so winzig und so hübsch – wie das kleinste Kätzchen in einem Wurf, und ich war dieses große, doof aussehende Kind. Alle sind an mir vorbeigegangen und haben dich dann auf den Arm genommen.‹

Dann erzählte er mir, wie schüchtern und ungeschickt er sich immer vorgekommen sei, sogar schon im Kindergarten. Und in der High School sei es dann noch viel schlimmer gewesen, weil ich die große Persönlichkeit gewesen sei und immer einen Haufen Freunde mit nach Hause brachte und er nie jemanden hatte.

Ich erinnerte ihn, daß er schließlich derjenige war, der zu Hause immer gelobt wurde, weil er so gescheit war und so ein guter Sportler. Er sagte: ›Das Lob hat mir überhaupt nichts bedeutet. Du hast die Liebe bekommen.‹

Ich fragte ihn einfach direkt: ›Hast du mich deshalb verprügelt?‹

Er sagte: ›Genau deshalb. Ich war sauer und frustriert, und du warst mein Sündenbock.‹

Dann fragte ich ihn, ob er vielleicht nicht so sauer auf mich gewesen wäre, wenn Mami nicht immer so böse mit ihm geworden wäre, wenn er mich geschlagen hatte.

Er sagte: ›Wahrscheinlich.‹ Dann fragte er mich: ›Wärst du eifersüchtig gewesen, wenn Mami und ich uns wirklich gut verstanden hätten?‹

Ich sagte: ›Vielleicht. Aber es wäre auf jeden Fall gut gewesen, weil du dann nicht so sauer auf mich gewesen wärst.‹

Dann wurde uns mit einem Schlag klar, wie sehr wir beide gelitten hatten, wie wir uns gegenseitig niedergemacht hatten und wie schließlich beides, seine Attacken auf mich und mein Heimzahlen, uns beiden weh getan hatte. Als wir uns trennten, hatten wir beide das Gefühl, etwas dazugewonnen zu haben. Wir fühlten uns wie abgerundet, als hätten wir ein bisher fehlendes Teil von uns selbst gefunden. Und wir wußten, daß wir beide okay sind. Es war ja nicht so, als wäre einer von uns ein böser Mensch. Er war ein netter Kerl, und ich war ein netter Kerl. Nur eben zwei nette Kerle, die mit der frustrierenden Erfahrung zurechtkommen mußten, Brüder zu sein. Und zwei nette Eltern, die nur versucht hatten, das Beste zu tun.«

Unsere Zeit war abgelaufen. Wir waren alle erschöpft. Keiner konnte oder wollte mehr reden. Die Umarmungen beim Abschied waren fest und wortlos.

Zum ersten Mal war ich froh, daß mein Heimweg so lang war, und war dankbar für die Stille im Auto. Ich hatte über eine Menge nachzudenken.

Ich war überwältigt von dem, was ich gerade gehört hatte. Überwältigt, daß die Dynamik von Geschwisterbeziehungen von frühester Kindheit an so viel Schmerz zwischen Brüdern und Schwestern erzeugen konnte. Ich war überwältigt von der fast magnetischen Zugkraft zwischen Geschwistern, wieder zusammenzufinden, für ihr ›Geschwistertum‹ eine neue Grundlage zu finden. Und überwältigt von dem Drang, der Geschwister, egal, wie verletzt sie waren, wieder zusammentreibt, um zu versuchen, sich selbst und die anderen zu heilen.

Und ich fühlte mich in meinem Vertrauen auf die Effektivität der Mittel, die ich gelehrt hatte, bestätigt. Jeder schmerzliche Vorfall, der bei der heutigen Sitzung ans Tageslicht gekommen war, hätte entschärft oder überhaupt vermieden werden können, wenn die Eltern ein paar dieser Methoden gekannt hätten.

»Man stelle sich eine Welt vor«, dachte ich, »in der Brüder und Schwestern in Familien aufwachsen, in denen es nicht erlaubt ist, zu verletzen, wo man Kinder lehrt, ihre Wut aufeinander sinnvoll auszudrücken, in der jedes Kind als Individuum anerkannt wird und nicht nur in Beziehung zu den andern, wo Zusammenarbeit, nicht Wettbewerb, die Norm ist. Wo keiner in einer Rolle gefangen ist, wo Kinder täglich üben können und angeleitet werden, ihre Probleme zu lösen. Und was ist, wenn diese Kinder heranwachsen und die Welt von morgen gestalten? Was für eine Welt würde das sein? Die Kinder aus solchen Familien wüßten, wie man die Probleme der Welt angeht, ohne die Welt selbst zu zerstören. Sie hätten die Fähigkeit und die Motivation dazu. Sie könnten die Menschheitsfamilie retten.«

Es fing an zu regnen. Ich stellte die Scheibenwischer an und das Radio, um Nachrichten zu hören.

Es war direkt unheimlich – als würde man die Geschichten unserer Gruppe hören, nur in größerem Maßstab: Streit über Territorien, Streit über Glaubensrichtungen, der Neid der ›Habenichtse‹ auf die ›Habenden‹; die Großen bedrängten die Kleinen, die Kleinen brachten ihre Beschwerden vor die UNO oder den Weltgerichtshof, lange komplizierte Geschichten voller Bitterkeit und Mißtrauen, die mit Schmähungen und Bomben ausgetragen wurden.

Aber heute abend ließ ich mich davon nicht beeindrucken. Heute abend sprühte ich vor Optimismus. Wenn nach so langen Erfahrungen mit Schmerzen und Konkurrenz und Ungerechtigkeit der Drang bei Geschwistern, sich zu versöhnen, immer noch so groß war, warum sollte man sich dann nicht auch die Welt anders vorstellen können? Als Welt, in der die Brüder und Schwestern aller Nationen entschlossen sind, bei Konflikten die Hand auszustrecken und jene Liebe und Stärke zu entdecken, die sich Brüder und Schwestern untereinander geben können.

Ich schaltete das Radio aus. Der Regen ließ nach.

Plötzlich schien alles möglich.

Wir danken

– unseren Ehemännern für ihre unermüdliche moralische und geistige Unterstützung während dieses Projekts. Sie gaben uns täglich neue Kraft, besonders, wenn wir einmal nicht recht vorankamen;

– unseren Kindern, die uns, als sie klein waren, das Rohmaterial für dieses Buch lieferten und die uns nun, als Erwachsene, auf vieles hingewiesen haben, was wir hätten anders machen können;

– den Eltern in unseren Gruppen für ihre Bereitschaft, mit uns auf Entdeckungsreise zu gehen und ihre neuen Erkenntnisse an ihren Kindern auszuprobieren;

– all denen, die uns ihre Geschwistergefühle von damals und heute schilderten;

– Kimberely Ann Coe, unserer Zeichnerin, der es gelang, unsere Vorstellungen in Bildergeschichten umzusetzen;

– Linda Healey, einer Lektorin, wie man sie sich nur wünschen kann, großzügig in der Unterstützung von Aussage und Stil ihrer Autoren, sanft und nachdrücklich zugleich in ihrem Streben nach Vollkommenheit;

– Gerhard I. Nierenberg, dem Verleger von *How To Talk So Kids Will Listen Group Workshop Kit* (*Nun hör doch mal zu! Elternsprache – Kindersprache.* Knaur-Tb 7793), für die Anregung, uns noch intensiver mit den Erwachsenen und ihrer eigenen Geschwisterproblematik zu befassen;

– Robert Markel, erst unser Lektor, jetzt unser Agent, für seine unermüdliche Unterstützung, für sein Fingerspitzengefühl und seine Kritik;

– Sophia Chrissafis, unserer Sekretärin, die begeistert bei der Sache war und uns, selbst wenn wir das Unmögliche verlangten, mit einem Lächeln und der Bemerkung »Kein Problem« antwortete;

– Patricia King, einer lieben Freundin, die mit dem ihr eigenen Einfühlungsvermögen unsere Manuskripte las;
– und schließlich dem verstorbenen Dr. Haim Ginott, der uns erste Eindrücke davon vermittelte, wie sich aufflammende Geschwisterrivalität auf ein erträgliches und verträgliches Maß eindämmen läßt.